FILOSOFIA
PARA
APRESSADINHOS

Alain Stephen

FILOSOFIA PARA APRESSADINHOS

As Maiores Citações Filosóficas de Todos os Tempos
e o que Elas Realmente Significam

Tradução
JORGE RITTER

Editora Cultrix
SÃO PAULO

Título original: *This Book Will Make You Think*.
Copyright © 2013 Michael O'Mara Books Ltd.
Publicado pela primeira vez na Grã-Bretanha em 2013 por Michael O'Mara Books Ltd.
Copyright da edição brasileira © 2014 Editora Pensamento-Cultrix Ltda.
Texto de acordo com as novas regras ortográficas da língua portuguesa.
1ª edição 2014.
1ª reimpressão 2016.
Todos os direitos reservados. Nenhuma parte desta obra pode ser reproduzida ou usada de qualquer forma ou por qualquer meio, eletrônico ou mecânico, inclusive fotocópias, gravações ou sistema de armazenamento em banco de dados, sem permissão por escrito, exceto nos casos de trechos curtos citados em resenhas críticas ou artigos de revistas.
A Editora Cultrix não se responsabiliza por eventuais mudanças ocorridas nos endereços convencionais ou eletrônicos citados neste livro.

Editor: Adilson Silva Ramachandra
Editora de texto: Denise de C. Rocha Delela
Coordenação editorial: Roseli de S. Ferraz
Preparação de originais: Olga Sérvulo
Produção editorial: Indiara Faria Kayo
Editoração eletrônica: Join Bureau
Revisão: Claudete Agua de Melo e Yociko Oikawa

Dados Internacionais de Catalogação na Publicação (CIP)
(Câmara Brasileira do Livro, SP, Brasil)

Stephen, Alain

Filosofia para apressadinhos : as maiores citações filosóficas de todos os tempos e o que elas realmente significam / Alain Stephen ; [tradução Jorge Ritter]. – 1. ed. – São Paulo : Cultrix, 2014.

Título original: This book will make you think.
Bibliografia.
ISBN: 978-85-316-1294-7

1. Filosofia 2. Filosofia – Citações, máximas etc. I. Título.

14-11556   CDD-100

Índice para catálogo sistemático:
1. Filosofia   100

Direitos de tradução para o Brasil adquiridos com exclusividade pela EDITORA PENSAMENTO-CULTRIX LTDA., que se reserva a propriedade literária desta tradução.
Rua Dr. Mário Vicente, 368 – 04270-000 – São Paulo, SP
Fone: (11) 2066-9000 – Fax: (11) 2066-9008
http://www.editoracultrix.com.br
E-mail: atendimento@editoracultrix.com.br
Foi feito o depósito legal.

SUMÁRIO

INTRODUÇÃO: O QUE É FILOSOFIA? 9

SOBRE A FELICIDADE 17
   Bentham 19
   Mill 23
   Hobbes 25
   Platão 29
   Aristóteles 33
   Kant 37
   Demócrito 41

SOBRE A RELIGIÃO E A FÉ 45
   Maquiavel 47
   Nietzsche 51
   Voltaire 55
   Marx 59
   Kierkegaard 63

Bacon 67

Santo Agostinho 73

SOBRE A RAZÃO E A EXPERIÊNCIA 77

Hegel 81

Locke 87

Wittgenstein 93

Kant 97

Sartre 101

Sêneca 107

SOBRE A VIDA E A MORTE 111

Sócrates 113

Eurípides 117

Dawkins 123

Epicuro 127

Nabokov 129

Ésquilo 133

Swift 137

Parker 141

Brecht 145

O *Bhagavad Gita* 149

SOBRE AS PESSOAS E A SOCIEDADE 153

Thatcher 155

Einstein 159

Marco Aurélio 163

Darwin 169

Lao-Tzu 173

Nietzsche 177

Rousseau 179

Sontag 183

Camus 189

CONCLUSÃO: ALGUMAS COISAS
SOBRE AS QUAIS PENSAR 193

SUGESTÕES PARA LEITURAS ADICIONAIS 195

BIBLIOGRAFIA SELECIONADA 197

AGRADECIMENTOS 199

INTRODUÇÃO

O QUE É FILOSOFIA?

"*Todo esse blá-blá-blá, a existência de Deus, ateísmo, determinismo, liberação, sociedades, morte, etc. são peças de um jogo de xadrez chamado linguagem, e são divertidas apenas se não nos preocuparmos em 'vencer ou perder' este jogo.*"

Marcel Duchamp (1887–1968)

É difícil, quase impossível, dar uma definição clara de filosofia. Em seu livro *História da Filosofia Ocidental*, Bertrand Russell sugere que a filosofia assenta-se sobre os campos da ciência e da teologia, aplicando a razão às hipóteses em áreas nas quais os fatos concretos ainda não estão disponíveis. Em outro sentido, a filosofia é tudo o que ela não é, e não (*exatamente*) tudo o que é – ou, pelo menos, essa talvez fosse a conclusão a que o filósofo austro-britânico Ludwig Wittgenstein teria chegado, embora, sem dúvida ele pudesse ter uma segunda (ou terceira, ou quarta...) opinião a respeito da questão. Em um caso clássico de "pagar para ver", Wittgenstein, talvez o filósofo mais famoso do século XX, declarou de forma memorável, em uma de suas proposições engenhosamente construídas, que "tudo poderia ser *outro* (diferente) em relação ao que é". É difícil se livrar da sensação perturbadora de enervante ansiedade, bem próxima do medo, se se considerar por muito tempo a proposição de que tudo pode não ser o que parece.

OK, então é melhor não pensarmos muito a esse respeito. O que quer que venha a acontecer vai acontecer, independentemente dos nossos pensamentos, ou intervenções (se acreditamos no taoismo). Ou será que existem verdades universais em relação à existência, consciência, natureza, Deus, o universo, Céu e Inferno, vida e morte, forma e conteúdo, e nossa construção e distorção desses conceitos fundamentais (se concordarmos com a ontologia)? Ou, em outras palavras, como chegamos a essas grandes ideias em primeiro lugar? Como nosso conhecimento se desenvolveu e por quais processos ele passou (como poderíamos perguntar se nos interessássemos por epistemologia)? A filosofia está por toda parte, gostemos ou não disso. O mero ato de tentar *não* pensar a respeito das coisas de maneira muito profunda é, em si, uma forma de questionamento filosófico, como uma experiência de vida recente demonstrou.

Não faz muito tempo, tive uma conversa com um velho amigo que havia sido demitido de seu emprego. Naturalmente, presumi que ele estaria chateado, ansioso a respeito de seu futuro, preocupado com o bem-estar de sua família e, possivelmente, zangado e magoado com seus empregadores. Para minha surpresa, ele parecia positivamente animado e nem um pouco triste com seu infortúnio. "Olhando para a questão filosoficamente", disse meu amigo, "isso foi causado por uma situação fora de meu controle. Essas coisas nos são mandadas para nos testar, e às vezes você, simplesmente, tem de levar o tranco e seguir em frente. Afinal de contas, quando uma porta se fecha, outra se abre, e isso proporcionará o ímpeto para que eu faça algo diferente."

Embora à primeira vista isso pareça uma resposta simples e pragmática à adversidade, se examinarmos mais de perto veremos que há uma boa porção de pensamento filosófico por trás desses clichês. A aceitação das forças atuando além da esfera da influência humana individual tem ecos no fatalismo dos gregos antigos; "levar o tranco e seguir em frente" é um estoicismo que também data lá da era clássica. Analogamente, a ideia de que "quando uma porta se fecha, outra se abre" poderia ser tirada dos princípios do taoismo, o qual, de maneira interessante, se opõe diretamente ao livre--arbítrio expresso no ímpeto de fazer algo diferente e mudar. Como você pode ver, toda decisão, ou ponto de vista consciente, mesmo no nível aparentemente mundano do dia a dia, contém uma profusão de ideias e perspectivas diferentes. Cada um a seu jeito, somos todos filósofos.

O escritor e artista francês Marcel Duchamp teria concordado com a ideia de que tudo o que pensamos e sentimos está, intrinsecamente, ligado a alguma forma de filosofia, apesar de sua predisposição ao niilismo e à crença em nada. Duchamp é mais famoso, é claro, por expor um urinol de cabeça para baixo em uma galeria de Nova York e alegar que era uma escultura (ironicamente intitulada *Fonte*). Se a brincadeira de Duchamp tinha a intenção de sinalizar o "fim da arte", ou expor a hipocrisia e pomposidade do mundo da arte, que ele havia passado a desprezar, a obra fracassou espetacularmente em seu objetivo: na verdade, um levantamento recente de críticos de arte internacionais votou a *Fonte* de Duchamp como a obra de arte mais influente do século XX. Além de todo o "blá-blá-blá", no entanto, a verdadeira ironia é de que ela, conclusivamente, prova que mesmo a crença em nada constitui uma crença em algo.

Além disso, a afirmação de Duchamp, de que todos os principais temas da filosofia são, metaforicamente falando, "peças de um jogo de xadrez chamado linguagem", correlaciona-se com a visão de Wittgenstein da "linguagem como um jogo". A metáfora é particularmente apropriada. Para Wittgenstein, as regras da linguagem espelham as regras dos jogos em suas estruturas e no que elas incluem e excluem. Portanto, as investigações filosóficas (para tomar emprestado o título de uma das obras de Wittgenstein) são construídas em torno das estruturas, movimentos e padrões, como num jogo de xadrez. O desafio está em reconhecer e analisar os padrões, desfazendo os movimentos falsos que não estão de acordo com as regras e decidindo qual pode ser o melhor passo a ser dado na sequência.

Escolhi a citação de Duchamp para prefaciar a introdução deste livro, pois acredito que muitas pessoas desdenham a filosofia como sendo "blá-blá-blá". As chamadas "grandes ideias" podem ser intimidantes, fazendo com que nos sintamos, na melhor das hipóteses, vulneráveis e, na pior, estúpidos e sem valor. Isso é uma pena, na medida em que a história da filosofia é um achado valioso de reflexões que pode ser, ao mesmo tempo, confortante e vitalizador, assim como proporcionar, em alguns casos, a necessidade positiva de questionar pressupostos e reconsiderar o que talvez tenhamos aceito como verdadeiro um dia.

Este livro não é, de maneira alguma, uma "história abrangente da filosofia". Em vez disso, sua intenção é servir mais como um aperitivo – um *hors d'oeuvre*, ou *amuse bouche*, feito para abrir o apetite para uma refeição farta e variada. Nesse sentido, buscando cobrir alguns dos sabores fundamentais da filosofia, tentei não me prender demais aos detalhes complicados dos vários "ismos" e escolas de pensamento.

Grande parte da filosofia é difícil de engolir, parte dela propositalmente, especialmente as variedades pós-modernas do século XX; então, evitei deliberadamente algumas das teorias mais impenetráveis, dos tipos como Jacques Derrida ou Jean-François Lyotard. Inegavelmente, há outras omissões também; a maldição do antologista é a de que tem de aceitar, assim como muitos filósofos se deram conta no passado, que simplesmente não conseguem agradar a todas as pessoas o tempo todo.

Isso não quer dizer que toda a filosofia contemporânea seja uma tolice, apenas que a intenção deste livro é manter as coisas leves, proporcionar algum estímulo e, quem sabe, pensando de maneira otimista, gerar um interesse sobre alguns dos conceitos-chave na história das ideias humanas. Como uma maneira de manter esse toque suave, incluí as citações de pessoas e fontes não necessariamente associadas de maneira estrita com a filosofia, entre elas escritores, artistas e políticos. Espero que isso não ofenda os puristas, mas, em vez disso, reflita parte da minha crença de que todos somos filósofos, de nossa própria maneira singular.

Em última análise, se alguém abrir este livro em uma página qualquer, ler uma citação e a explicação que a acompanha, e for estimulado a refletir sobre ela por alguns momentos, então uma finalidade importante terá sido atingida. É minha sincera esperança que este livro, de qualquer maneira que você escolha lê-lo, fará você pensar.

Alain Stephen
Brighton, 2013

SOBRE A FELICIDADE

"*A felicidade ocorre quando o que você pensa, o que você diz e o que você é estão em harmonia.*"

Mahatma Gandhi (1869–1948)

O CONCEITO DE FELICIDADE, seja pessoal ou coletiva, criou problemas para os filósofos desde a era clássica, de Platão e Aristóteles. A felicidade diz respeito à satisfação de desejos pessoais? Se a resposta for sim, isso não cria complicados dilemas éticos?

É possível ser feliz quando os outros estão sofrendo ou na miséria? A busca da felicidade pessoal, necessariamente, acarreta que os outros sejam infelizes? O utilitarismo de Jeremy Bentham e John Stuart Mill preocupava-se com essa ideia de ética. Alguns dos grandes filósofos, muitas vezes, foram bastante pessimistas em sua visão das forças motivacionais impelindo a natureza humana, como caracterizado pelo misantropo mal-humorado do século XVII, Thomas Hobbes. Deve ser levado em consideração, no entanto, que a visão de Hobbes da vida humana era, sem dúvida, influenciada por sua experiência na Guerra Civil Inglesa, quando foi perseguido e testemunhou o derramamento de sangue do conflito.

De um matiz mais leve, temos Platão e Aristóteles: o primeiro interessado em noções de diversão e espontaneidade pura; o segundo, nas alegrias da razão e do conhecimento. Uma perspectiva mais normativa e fundamentada é fornecida pelo filósofo alemão Immanuel Kant, que aborda, diretamente, as dificuldades de basear códigos filosóficos morais sobre conceitos como a felicidade. Por fim, a última palavra é dada pelo antigo Demócrito, "o filósofo risonho" grego, que promovia a ideia de que o bom humor era uma virtude. Certamente, a maioria das pessoas concordaria que, no nível pessoal pelo menos, é preferível estar rodeado de pessoas com uma disposição ensolarada – e talvez isso seja conseguido somente, como sugere Gandhi, ao se alcançar uma "harmonia" entre o pensamento, a ação e as palavras.

BENTHAM

*"A maior felicidade, para o maior
número de pessoas, é o fundamento
da moral e da legislação."*

Jeremy Bentham (1748–1832)

JEREMY BENTHAM ERA UM PROPONENTE (juntamente
com seu quase contemporâneo John Stuart Mill, ver p. 23)
da escola filosófica do utilitarismo. Preocupado, em princípio, com um campo da filosofia ética chamado de "ética normativa" (essencialmente, o estudo do certo e do errado no comportamento de um indivíduo), o utilitarismo examina questões que surgem a partir do valor moral das ações humanas. Para Bentham, inicialmente pelo menos, o valor de uma ação deve ser mensurado de acordo com sua *utilidade*, que, por sua vez, é determinada pela meta de promover a felicidade e aliviar o sofrimento e a dor. O famoso axioma de Bentham, "a maior felicidade do maior número

de pessoas", sustenta que a escolha apropriada de uma ação é aquela que tem a capacidade para o bem máximo da sociedade como um todo. Desse modo, a utilidade de uma ação é definida pelas consequências de seu resultado. Jeremy Bentham foi uma criança prodígio, tendo se formado no Queen's College, Oxford, aos 12 anos e completado seu curso universitário aos 16 anos. Embora tenha estudado, na sequência, Direito e conseguido sua licença profissional em 1769, ele nunca exerceu a profissão formalmente, mas, em vez disso, usou seu treinamento legal para pesquisar os elementos dos sistemas legal e penal britânicos considerados, fundamentalmente, equivocados. O utilitarismo clássico e a crença na liberdade pessoal de Bentham refletiam seus pontos de vista sociais e políticos, muitos dos quais – como seu apoio à abolição da escravatura, a rejeição à pena de morte e defesa de direitos iguais para as mulheres – eram considerados altamente radicais para a época.

Posteriormente, Bentham foi forçado a modificar sua máxima de "a maior felicidade para o maior número de pessoas" depois de considerar uma falha em seu raciocínio inicial. Em uma carta a seu amigo próximo, o filósofo James Mill (pai de John Stuart Mill), Bentham escreveu: "Alguns anos já se passaram desde que, após uma análise mais detalhada, foram encontradas razões de todo incontestáveis para descartar esse apêndice. À primeira vista, clareza e correção adicionais contemplaram a ideia; mas no fundo, as qualidades opostas". Bentham continua argumentando que, se uma sociedade for dividida em duas partes aproximadamente iguais, idealmente chamadas de "maioria" e "minoria", ao considerar-se a felicidade e o bem-estar de um grupo à custa de outro, essa sociedade sofre de uma "perda agregada" em sua finalidade moral e ética. Em outras palavras, uma maioria marginal em busca de meios que promovam seus próprios interesses, e concedam a si mesma o máximo prazer e felicidade, não pode ser julgada favoravelmente, já que isso ocorre, muitas vezes, em detrimento do "bem" da sociedade em geral.

A ÚLTIMA VONTADE E O
TESTAMENTO DE JEREMY BENTHAM

Uma semana antes de sua morte, em 6 de junho de 1832, Jeremy Bentham fez uma emenda a seu testamento incluindo uma cláusula bizarra. Nela, Bentham pediu que seu corpo fosse legado a seu testamenteiro e amigo próximo, dr. Thomas Southwood Smith, com instruções estritas em relação a sua preservação. Era vontade de Bentham que seu corpo fosse, primeiro, dissecado em uma aula de anatomia para estudantes de medicina, e depois montado como um esqueleto, vestido com um de seus ternos pretos de sempre, sentado em uma cadeira e colocado em uma caixa para exibição pública.

Embora horrorizado com o pedido de seu amigo, o dr. Southwood Smith transferiu o corpo de Bentham para a Webb Street School, de Anatomia e Medicina, em Londres e realizou uma dissecação pública. No começo da aula, o médico declarou: "Se, mediante qualquer apropriação dos mortos, eu possa promover a felicidade dos vivos, então é meu dever superar a relutância que eu talvez sinta em relação a tal disposição dos mortos, por mais bem fundamentada ou forte que possa ser essa relutância".

Relatos contemporâneos sobre o acontecimento observam que uma tempestade monstro assolava do lado de fora enquanto transcorria a dissecação, contribuindo com a atmosfera gótica macabra. Após a aula, o dr. Thomas Southwood Smith montou o esqueleto de Bentham e o manteve em uma caixa de madeira, como instruído, por vários anos, antes de doá-lo para a University College London, onde ele permanece exposto até hoje.

De maneira pouco surpreendente, dada a natureza macabra do último pedido de Bentham, o esqueleto gerou uma série de mitos e casos divertidos. Uma história comum, com algum fundo de verdade, é a de que o esqueleto de Bentham é levado até as reuniões de conselho da universidade, onde a sua presença é registrada nas atas como "presente, mas não votando". Outras histórias concentram-se na cabeça do esqueleto, que foi tão desfigurada durante o processo de preservação que acabou sendo substituída por uma réplica de cera. A cabeça original foi inicialmente exposta aos pés de Bentham, mas foi objeto de sucessivas brincadeiras dos estudantes, sendo regularmente roubada por estudantes de universidades rivais e, em uma ocasião, (dizem que) encontrada pelas autoridades universitárias sendo usada como bola em um jogo de futebol.

MILL

"A liberdade consiste em fazer o que você deseja."

John Stuart Mill (1806–1873)

A FILOSOFIA DO UTILITARISMO DE JEREMY BENTHAM foi adotada e expandida por John Stuart Mill em trabalhos como *Sobre a Liberdade* (1859) e *Utilitarismo* (1863). Bentham considerava toda felicidade e todo prazer como quantitativos em termos de sua utilidade, isto é, aquilo que proporcionar a maior satisfação para a grande maioria, desconsiderando sua qualidade, fornece a base para os julgamentos e ações morais e éticos. John Stuart Mill fazia distinções entre os níveis de felicidade e prazer. A abordagem qualitativa de Mill postulava a visão de que uma pessoa, ao exercer suas faculdades críticas na indagação intelectual, ou por meio da exploração da imaginação humana, atinge os níveis mais altos da escala de prazer, enquanto que, em comparação, os níveis mais baixos de estímulo emocional são caracterizados pelo entretenimento passivo, como, por exemplo, em termos modernos, sentar-se no sofá para assistir a novelas na televisão – embora não haja dúvidas de que essa atividade proporcione uma medida de felicidade para a maioria. Para Mill, portanto, a *qualidade* do prazer ganho ou concedido era de igual importância na determinação da utilidade, segundo a asserção de Bentham de "a maior felicidade para o maior número de pessoas".

HOBBES

"O ócio é a mãe da filosofia."

"A vida do homem é solitária, pobre, desgraçada, bruta e curta."

Thomas Hobbes (1588–1679)

THOMAS HOBBES FOI UM FILÓSOFO INGLÊS do século XVII, cujo trabalho mais influente, *Leviatã* (1651), delineou a teoria do contrato social e proporcionou uma base para desenvolvimentos na filosofia política ocidental. Escrito durante a Guerra Civil Inglesa, *Leviatã* apresenta as linhas gerais de seu pensamento filosófico, baseado em sua visão da condição do homem em seu estado natural, sem governo ou domínio externo, e as causas dos conflitos e perturbações civis decorrentes dessa situação. Hobbes, um monarquista, defendia o poder absoluto do soberano mediante o consenso dos súditos. Temeroso das consequências da guerra civil, Hobbes fugiu da Inglaterra e estabeleceu-se em Paris, onde participava de um círculo de intelectuais proeminentes liderados pelo teólogo e matemático Marin Mersenne, e que incluía Descartes e Pascal.

No cerne da filosofia de Hobbes está uma visão bastante pessimista da natureza humana, "em que todo homem é inimigo de todo homem". Hobbes afirmava que o homem na natureza era essencialmente impelido por seus interesses pessoais e suas próprias necessidades, como resumido por sua famosa citação em *Leviatã*: "A vida do homem é solitária, pobre, desgraçada, bruta e curta". Sem um governo central forte, acreditava Hobbes, a sociedade perderia o controle e estaria fadada a um ciclo interminável de conflitos. Além da discórdia social, não haveria arte, ócio e nenhum enriquecimento cultural para a vida humana. Hobbes traçou distinções claras entre o "bom" ou desejável na sociedade e o "ruim" e indesejável, e alegava que, tendo em vista que todos os seres humanos são essencialmente iguais, mas egoístas na busca de seus desejos, essa tendência natural leva à guerra e à "escuridão da ignorância", a não ser que seja controlada.

A fim de evitar a desordem, portanto, faz-se necessário um contrato social para unir a sociedade. Hobbes propunha que, caso houvesse um consenso da sociedade em ser governada pela vontade absoluta de um monarca, a população deveria renunciar a uma parte de sua liberdade natural em prol dos interesses de paz e proteção. Em contrapartida, haveria o dever do monarca de assegurar a proteção de seus súditos. Portanto, a ideia do contrato social desafia a crença tradicional de que os monarcas são apontados por Deus.

Leviatã é dividido em quatro partes. A primeira, "Do Homem", apresenta o pensamento filosófico de Hobbes, a saber, sua visão do estado do homem na natureza e as causas dos conflitos e perturbações civis oriundas dessa condição. A segunda parte explora os diferentes aspectos do "Bem Comum", ou governança, com Hobbes concluindo que a monarquia, ou o governo absoluto de um representante sobre as massas, é o regime mais efetivo. Nas duas partes finais, Hobbes volta sua atenção para a religião, apresentando uma crítica do que ele considerava a apropriação equivocada de determinados aspectos das escrituras.

A visão de Hobbes de que o "ócio é a mãe da filosofia" foi, provavelmente, formada pelos privilégios consideráveis que lhe foram concedidos como tutor privado dos filhos de William Cavendish, o conde de Devonshire. Hobbes viajou para o continente várias vezes com o filho do conde, William, e isso lhe proporcionou acesso a novos métodos e modelos científicos e filosóficos, assim como o colocou em contato com alguns dos principais pensadores na Europa à época. Esse estado elevado de ócio, acreditava Hobbes, é o único meio pelo qual os seres humanos podem exercer o livre-arbítrio em prol do bem comum, por meio da prática da filosofia.

Publicado na volta de Hobbes à Inglaterra, em 1651, *Leviatã* provou-se altamente controverso. Hobbes tinha a esperança de que seu trabalho ajudaria a reformular a indagação filosófica e estabilizar a Inglaterra durante um período de extrema agitação, em última análise salvando a sociedade civil da "guerra de todos contra todos". Em vez disso, ele logo se viu atacado por todos os lados. Os parlamentaristas rejeitaram seu apoio ao direito da monarquia de governar; monarquistas leais ficaram ofendidos por sua rejeição à ideia da monarquia ser de indicação divina; e a igreja acusou Hobbes de ateísmo, devido a sua crítica da interpretação religiosa e sua rejeição científica de almas e espíritos desencarnados. Embora o *Leviatã* de Hobbes tenha encontrado poucos admiradores durante sua vida, mesmo assim é considerado uma das contribuições mais importantes ao desenvolvimento da ciência política. Sua introdução da teoria do contrato social influenciou muitos escritores, como seu contemporâneo John Locke e Jean-Jacques Rousseau.

PLATÃO

*"Você pode descobrir mais
sobre uma pessoa em uma hora
de brincadeira do que em um
ano de conversa."*

Platão (427–347 a.c.)

A AUTORIA DESSA CITAÇÃO, muitas vezes atribuída a Platão, segue controversa, já que ela não aparece em nenhum dos trabalhos conhecidos do grande filósofo grego. Parte da questão se encontra no fato de que, aparentemente, a promoção da "brincadeira" como sendo mais indicativa da verdade do que a conversa vai contra o método dialético que Platão prezava tanto. Para Platão e Sócrates, a verdade era o ideal mais elevado e só poderia ser alcançada por meio da troca de argumentos racionais e fundamentados. A finalidade do método dialético de raciocínio é a resolução de discordâncias por meio da discussão, com o objetivo de adquirir o conhecimento e estabelecer o fato mediante o exame de suposições.

Em vez disso, a citação parece sugerir que as pessoas mostram suas verdadeiras personalidades mais facilmente quando brincam do que quando conversam. É certamente verdadeiro que a reticência natural e a cautela diminuem quando a pessoa está envolvida em ocupações prazerosas. No entanto, o inverso também pode ser verdade, na medida em que a competitividade em jogos pode impelir os seres humanos a se comportarem de maneira extremamente irracional, exibindo paixões e motivações que talvez não sejam prontamente discerníveis em situações cotidianas. Platão também parece estar dizendo que as pessoas nem sempre fazem o que dizem, ou, para usar uma expressão bastante batida, "não praticam o que pregam".

Quem sabe, no entanto, Platão (presumindo, em prol da discussão, que a citação seja derivada dele) não esteja, na realidade, usando o termo "brincadeira" para descrever uma entrega à imaginação humana? As crianças brincam naturalmente desde pequenas e aprendem a respeito do mundo e da sociedade à volta delas por meio de brincadeiras e imitações imaginativas, enquanto sua compreensão do brincar não for inibida pelos valores e constructos dos adultos. Um dos maiores atributos da brincadeira é a oportunidade que ela proporciona de aprender a viver sem ter consciência disso. Os seres humanos aprendem mediante tentativa e erro, e a brincadeira é uma maneira segura de lidar com o aprendizado novo, enquanto ainda é mantida a autoestima. Na idade adulta, os seres humanos, sobrecarregados com outras preocupações, esquecem como brincar ou entregar-se simplesmente a sua imaginação. Então, talvez Platão esteja recomendando aqui que redescubramos o sentido puro e não corrompido, em nós mesmos, que apenas a brincadeira pode proporcionar e refletir. Isso não soluciona a contradição evidente na rejeição aparente da citação do método dialético, mas é uma ideia confortadora mesmo assim.

ARISTÓTELES

*"A felicidade é o bem maior, sendo
a realização e prática perfeita da virtude
que alguns conseguem alcançar, enquanto
outros têm pouco ou nada dela."*

Aristóteles (384–322 a.c.)

O TERMO "POLÍMATA" É USADO, muitas vezes, com um sentido de certa maneira exagerado, para descrever uma figura significativa que se destaca em diversas disciplinas diferentes. No linguajar moderno, por exemplo, um esportista que escreve uma coluna no jornal, interessa-se pelos acontecimentos atuais e vence uma competição de dança de salão televisionada é, muitas vezes, erroneamente descrito como sendo um polímata. O termo é derivado da palavra grega *polumathēs*, significando "ter um grande e variado conhecimento". Nesse sentido verdadeiro, Aristóteles era um polímata.

O alcance e profundidade absolutos da contribuição de Aristóteles à filosofia ocidental não podem ser subestimados. Aristóteles escreveu sobre assuntos tão variados quanto física, metafísica, poesia, teatro, música, lógica, retórica, linguística, política, governo, ética, biologia e zoologia, enquanto ainda encontrava tempo para estudar Platão, fundar sua própria academia – o Liceu – e atuar como tutor privado de Alexandre, o Grande. A principal contribuição de Aristóteles para a filosofia diz respeito ao seu trabalho no estudo da lógica formal, reunido em uma série de textos conhecida como O *Organon*, e o uso de "silogismos" no raciocínio lógico. Em termos básicos, um silogismo é um método para se chegar a uma conclusão através de uma série construída em três passos de premissas, normalmente uma premissa maior, A, seguida por uma premissa menor, B, por meio da qual é possível se deduzir uma proposição, C.

Por exemplo:

Premissa maior: Todos os homens são mortais.
Premissa menor: Sócrates é um homem.
Conclusão/proposição: Portanto, Sócrates é mortal.

A fim de que o passo C seja uma proposição lógica viável, os passos A e B têm de ser verdadeiros.

Aristóteles muitas vezes recebe o crédito por ter "inventado" o modelo, embora, na verdade, ele talvez tenha sido apenas uma das primeiras pessoas a explorar a lógica formal dessa maneira, especialmente buscando, por meio dela, evitar falácias e falso conhecimento. A abordagem sistemática de Aristóteles a todas as disciplinas às quais ele voltava sua mente investigativa denotava um gosto pela classificação e definição, e é possível que, se não existissem palavras para um fenômeno filosófico, Aristóteles simplesmente as inventasse.

A citação a respeito de "a felicidade é o bem maior" vem da *Ética a Nicômaco*, uma série de dez rolos de pergaminhos provavelmente baseados em anotações de suas aulas no Liceu. Na *Ética a Nicômaco*, Aristóteles aborda a questão do que constitui uma vida boa e virtuosa. Ele equipara o conceito de felicidade à palavra grega *eudaimonia*, embora essa não seja a felicidade em um sentido abstrato ou hedonista, mais exatamente "excelência" e "bem-estar". Viver bem, então, é buscar fazer o bem, ou o melhor que se possa, pois toda atividade humana tem um resultado ou causa, o bem que busca alcançar. Se os seres humanos empenham-se em ser felizes, o bem maior deve ser a busca de todas as ações, não como um meio para um fim, mas como um fim em si mesmo.

Nesse sentido, Aristóteles via a busca da felicidade como "sendo a realização e a prática perfeita da virtude", que a pessoa poderia alcançar aplicando a razão e o intelecto no controle de seus desejos. De acordo com sua visão, a satisfação dos desejos e a aquisição de bens materiais são menos importantes do que a conquista da virtude. Uma pessoa feliz aplicará a conformidade e a moderação para atingir um equilíbrio natural, e apropriado, entre a razão e o desejo, na medida em que a virtude em si deve ser sua própria recompensa. Portanto, a verdadeira felicidade só pode ser alcançada pelo cultivo das virtudes que tornam uma vida humana completa. Aristóteles também destacou que o exercício da virtude perfeita deve ser consistente ao longo da vida de uma pessoa: "Ser feliz exige uma vida inteira; pois uma andorinha só não faz verão".

Ética a Nicômaco é amplamente considerada uma obra que teve um efeito profundo sobre o desenvolvimento da teologia cristã na Idade Média, em grande parte mediante o trabalho de Tomás de Aquino, que produziu diversos estudos importantes sobre Aristóteles, que sintetizaram suas ideias com as doutrinas católicas romanas relativas às virtudes cardeais. Analogamente, as obras de Aristóteles também tiveram um papel importante na filosofia islâmica antiga, que reverenciava Aristóteles como "o Primeiro Professor".

KANT

*"A moral não é a doutrina de
como podemos nos tornar felizes,
mas de como podemos nos tornar
merecedores da felicidade."*

*"A felicidade não é um ideal da
razão, mas da imaginação."*

Immanuel Kant (1724–1804)

IMMANUEL KANT, O GRANDE FILÓSOFO ALEMÃO do Iluminismo, é mais conhecido por sua *Crítica da Razão Pura* (ver p. 97) e suas tentativas de sintetizar vertentes conflitantes do pensamento filosófico ocidental. Próximo do fim de sua vida, Kant voltou sua atenção para proposições morais e éticas. Em *Os Princípios Metafísicos da Virtude* (1797), Kant descreve a felicidade como "bem-estar contínuo, gozo da vida, satisfação completa com a própria condição". O uso do termo "bem-estar" parece ecoar o conceito de Aristóteles de *eudaimonia*, mas o ponto em que a visão de Kant da felicidade divergiu da de Aristóteles, foi que este colocou a felicidade como o bem ou busca maior da moral. Em um trabalho anterior, *Crítica da Razão Pura* (1781), Kant descreveu a felicidade como "o estado de um ser racional no mundo, em cuja existência inteira tudo ocorre de acordo com seu desejo e vontade" – e isso poderia incluir não apenas o bem-estar pessoal, mas também riqueza, poder e influência. Resumindo, a felicidade seria conseguir tudo de que você precisa e/ou tudo que deseja.

A definição de Kant de felicidade levanta problemas imediatos, se você considerar a felicidade como base para um sistema de moral. Se para ser verdadeiramente feliz é preciso ter, basicamente, tudo o que você quer, isso pode acarretar que outros não tenham suas necessidades e desejos satisfeitos e, além disso, pode acarretar ações que busquem privar os outros. Portanto, se "ser moral é ser feliz", como acreditam os defensores do *eudemonismo* aristotélico, daí se conclui que nem todo mundo pode ser feliz (ou moral).

Kant também identificou um segundo problema em basear a moral na felicidade, que seria a impossibilidade de os seres humanos saberem, com certeza, o que os faria felizes.

Kant declarou que: "O conceito de felicidade é tão indeterminado que, embora todo ser humano queira atingi-la, ainda assim jamais conseguirá dizer, de maneira determinada e consistente, a si mesmo, o que realmente deseja e quer". Kant usava como exemplo a possibilidade de uma pessoa desejando riqueza e ganhos materiais tornar-se infeliz ao sucumbir a emoções negativas, como inveja, ansiedade e avareza. Do mesmo modo, a busca pelo conhecimento pode não proporcionar a felicidade se esse conhecimento provar-se doloroso e destrutivo, ou, colocando a questão de outra maneira, às vezes, o que não sabemos não pode nos prejudicar. Esta questão, do que vai nos fazer verdadeiramente felizes, é central na crítica de Kant da base moral da felicidade, pois "o problema de determinar certa e universalmente qual ação promoveria a felicidade de um ser racional é completamente insolúvel". Na visão de Kant, "a felicidade não é um ideal da razão, mas da imaginação". Ou, em outras palavras, nós apenas consideramos, talvez em momentos fugazes, o que achamos ser necessário para atingir a felicidade, mas "quanto mais uma razão refinada ocupa-se, intencionalmente, com o gozo da vida e com a felicidade, mais distante se fica da verdadeira satisfação". Quanto mais nos ocupamos com aquilo que nos fará felizes, mais isso nos escapa.

 Em vez disso, Kant identifica virtudes clássicas, como a "cortesia", a "prudência" e a "discrição" como atributos que as pessoas devem adotar a fim de tornarem-se "merecedoras da felicidade". Nesse sentido, a visão de Kant da felicidade é consistente com seu conceito do "imperativo categórico" – sua crença de que a pessoa deve fazer escolhas e agir para o bem de todos, não apenas para seu próprio benefício individual, e que isso deve ser um fim em si e não um meio para um fim.

DEMÓCRITO

*"O homem valente é aquele que
supera não apenas seus inimigos,
mas também seus prazeres."*

Demócrito (460–370 a.C.)

A CONTRIBUIÇÃO DE DEMÓCRITO (em grego *Dēmokritos*, significando "escolhido do povo") para a filosofia grega antiga centra-se em grande parte na "teoria atomista" – uma visão materialista do estado natural do universo. Seguindo os passos de seu professor Leucipo (*c.* 480–420 a.C.), Demócrito expandiu as ideias de seu tutor sistematicamente, postulando a noção de que o mundo natural era composto por dois corpos: os "átomos", do adjetivo grego *atomos* (significando "inteiro" ou indivisível), e "o vazio". O universo é composto de um número infinito de átomos, de tamanhos e formas variáveis, que flutuam continuamente em torno do vazio, ligando-se uns aos outros, ou repelindo-se. Átomos que se ligam uns aos outros o fazem através de pequenos filamentos, invisíveis ao olho humano, embora, no final, esses grupos de átomos se decomponham e se separem.

O atomismo foi, em grande parte, uma resposta à questão filosófica da compreensão do estado mutável do universo. Filósofos antigos como Parmênides (*c.* 515–450 a.c.) haviam se dedicado às percepções humanas da realidade e raciocinado que toda mudança era, em certos sentidos, ilusória, na medida em que não era possível que algo existisse a partir do nada. Para os atomistas, no entanto, a mudança era discernível mediante o movimento constante e infinito dos átomos dentro do vazio, e a mudança das posições dos átomos uns em relação aos outros.

A obra de Demócrito, assim como os ensinamentos de Sócrates, sobrevive em grande parte nos relatos de segunda mão de escritores e filósofos. Sua filosofia ética e moral está contida na forma de uma série de máximas e epigramas atribuídos a ele e cuja autenticidade é objeto de debates acadêmicos. Relatos contemporâneos de Demócrito o descrevem como o "filósofo risonho", e muitos dos ditados atribuídos a ele promovem a ideia da alegria como um meio para limpar e purificar a alma. A bondade era algo que vinha de dentro; não era um conceito externo à alma humana, mas algo que já existe e precisa ser acalentado por meio do domínio dos temores e tentações.

Um ponto de vista da ética de Demócrito o aproxima de seu contemporâneo e colega atomista, Epicuro (*c.* 341–270 a.C.), ao promover uma forma de hedonismo moderado. Para atingir um estado de unicidade com o mundo e pureza espiritual, era fundamental prevalecer sobre a dor e a ansiedade e controlar a ira e o ódio. O prazer era o estado mais elevado do ser, mas sua busca despudorada à custa de todo o resto prejudicava a alma. Portanto, era importante entregar-se ao prazer de maneira moderada, a fim de controlar motivações possivelmente danosas, que poderiam corromper a alma. Desse modo, "o homem valente" (nesse sentido, a pessoa boa e correta) é alguém que consegue superar emoções danosas e controlar as armadilhas do desejo, e ainda assim desfrutar das coisas boas da vida.

Embora não seja considerado um dos "pesos pesados" da filosofia grega antiga, como Sócrates, Platão e Aristóteles, Demócrito (alegadamente) escreveu e ensinou a respeito de uma ampla gama de assuntos, da filosofia natural à matemática, passando pela antropologia e a ética.

Sua sistematização do atomismo proporcionou um ponto de partida para muitas ideias posteriores a respeito das estruturas atômicas desenvolvidas nos séculos XVIII e XIX, e isso levou alguns acadêmicos a referirem-se a Demócrito como "o pai da ciência moderna".

SOBRE A RELIGIÃO E A FÉ

"*Fé é acreditar em algo que você sabe que não é verdadeiro.*"

Mark Twain (1835–1910)

LADO A LADO COM AS QUESTÕES FILOSÓFICAS levantadas pelo conceito de felicidade estão aquelas levantadas pela noção de deuses, fé e religião. Muitos grandes pensadores foram atacados ao questionar a existência de Deus (ou deuses), a validade da fé cega e a duplicidade das religiões organizadas. Acusações de heresia, impiedade ou franco ateísmo, eram um assunto sério, especialmente durante a época da Inquisição. Também é um fato triste que a maioria dos principais conflitos no mundo, hoje, ainda seja causada pela intolerância religiosa e o ardor fanático.

Examinando a coleção de citações nesta parte, seria fácil aplicar a definição de fé de Mark Twain a quase todas elas, embora isso viesse a ser redutivo e simplista. A maioria das ideias neste capítulo diz respeito à exploração da relação da mente humana com a noção de Deus e fé, e as instituições através das quais as ideias religiosas são canalizadas e administradas. Deve ser observado, também, o impacto enorme que o pensamento teológico teve sobre o desenvolvimento da filosofia ocidental, representado aqui pelo extraordinariamente prolífico Santo Agostinho.

MAQUIAVEL

*"Deus não está disposto a fazer tudo, e
assim tirar nosso livre-arbítrio e aquela
porção de glória que nos pertence."*

Nicolau Maquiavel (1469–1527)

MAQUIAVEL FOI UM FILÓSOFO, político e historiador italiano, considerado o pai da ciência política e do realismo filosófico. Antes dele, a forma proeminente de filosofia havia sido o idealismo, mas Maquiavel, nascido durante a Renascença italiana, adotou uma visão mais objetiva e realista da humanidade, comparando o mundo como era com ideais de como ele deveria ser.

Maquiavel descreveu sua filosofia política em *O Príncipe* (1513). O termo "maquiavélico" é muitas vezes usado para descrever líderes políticos que tomam o poder pelo uso de meios inescrupulosos e oportunismo dissimulado, e foi muitas vezes aplicado a ditadores déspotas presidindo regimes cruéis e desumanos. No entanto, muitos críticos e acadêmicos argumentaram que *O Príncipe* foi, em grande parte, mal interpretado como um suposto manual de táticas totalitárias. A análise do texto de como ganhar e manter o poder político foi excessivamente enfatizada em detrimento dos pontos de vista mais politicamente moderados. *O Príncipe* é, na realidade, uma análise complexa e intricadamente estratificada da condição humana, abrangendo uma crítica às doutrinas religiosas e à ética, tanto quanto um tratado sobre a tomada do poder.

Maquiavel estava escrevendo durante um período de extrema volatilidade política em seu estado nativo de Florença, e é possível que *O Príncipe* seja um resultado direto de sua frustração com as insurreições e belicismo vigente. O principal tema de *O Príncipe* diz respeito a um tratado sobre o que torna um governante eficaz (o príncipe do título). Ao contrário de filósofos anteriores, como Platão e Aristóteles, que acreditavam que o poder político era um direito divino, Maquiavel argumentava que o poder estava à mão de qualquer pessoa que tivesse a capacidade de tomá-lo. A filosofia de Maquiavel concentrava-se no resultado final, não nos meios usados para alcançar o poder, que ele acreditava serem irrelevantes para o resultado. Maquiavel sugeriu que há duas formas de moral, ou virtude: aquela adotada pelo governante (o príncipe) e aquela assumida por seus súditos. A moral do príncipe deve ser regida não por virtudes universais ou doutrinas religiosas, mas ser julgada por sua efetividade como governante. Ao tomar decisões políticas, o único fator que o príncipe deve considerar é qual resultado será o mais benéfico para a estabilidade de seu Estado e a manutenção de seu poder.

Embora Maquiavel pareça estar defendendo uma separação entre Igreja e Estado, ele mesmo assim reconhecia o papel importante que a religião exerce na manutenção do poder. Para Maquiavel, o príncipe apresentar-se para seu povo como uma pessoa religiosa e virtuosa era uma atitude sábia, mesmo que na prática ele não o fosse. Tendo servido ao regime brutal de César Bórgia, filho do papa Alexandre VI, bem como tê-lo testemunhado em primeira mão, Maquiavel reconhecia a Igreja Católica como um recurso poderoso, embora corrupto, para controlar as pessoas. Realmente, Maquiavel usou César Bórgia como exemplo de um governante astuto e inteligente em sua busca de poder. Embora os Bórgias contassem com o apoio papal para manter seu poder, Maquiavel refutava a crença de que as ações de um governante simplesmente faziam a vontade de Deus na terra, alegando que um homem pode (e consegue) exercer o livre-arbítrio para seus próprios fins, com ou sem o consentimento implícito de Deus ou da religião.

Embora alguns argumentos apresentados em *O Príncipe* sejam duvidosos, destacadamente a defesa da crueldade e do assassinato como um meio legítimo de se chegar ao poder, a obra de Maquiavel representa uma mudança radical do idealismo para o realismo, e fica como um comentário ponderado e historicamente importante sobre a cultura política da época em que foi escrita.

NIETZSCHE

"Deus está morto!
Ele permanece morto!
E nós o matamos."

Friedrich Nietzsche (1844–1900)

FRIEDRICH WILHELM NIETZSCHE foi um filósofo alemão do século XIX, que continua a causar controvérsia e a dividir opiniões mais de um século depois de sua morte. Nascido em uma família religiosa (seu pai era um pastor luterano rigoroso), Nietzsche distinguiu-se como um brilhante estudante de filologia nas universidades de Bonn e Leipzig. Ele havia, inicialmente, considerado seguir seu pai e tornar-se pastor, mas a morte do pai e do irmão mais novo forçaram-no a questionar sua fé. Aos 24 anos, Nietzsche (que já havia publicado vários ensaios acadêmicos notáveis sobre a filologia alemã) descobriu o trabalho de Arthur Schopenhauer (1788–1860) e ficou impressionado com sua visão pessimista da vida humana e a negação da afirmação de Hegel de que "o que é racional é real e o que é real é racional" (ver p. 81).

Central na filosofia de Nietzsche é a noção de "vontade de poder", que ele considerava como sendo a principal força impulsionadora na vida humana, e em particular o conceito de *Machtgelüste*, ou o desejo por poder. Enquanto Schopenhauer via a vida humana como governada por uma vontade primordial de viver, necessidade de procriar e batalha para sobreviver, que ele acreditava ser a causa de todo sofrimento e infelicidade no mundo, Nietzsche via o desejo de poder como uma coisa positiva e uma fonte de força humana.

Na Grécia Antiga, argumentava Nietzsche, os valores morais surgiam da oposição entre o bem no mundo (personificado nos valores heroicos de saúde, força e poder) e o mal (personificado pelos pobres, fracos e doentes). Ele definiu essa oposição como "moralidade mestre". Para Nietzsche, o cristianismo promovia a "moralidade escrava" em oposição à "moralidade mestre", onde os valores surgem da distinção entre o bem (personificado em conceitos como caridade, piedade, comedimento, humildade e, em última análise, subserviência) e o mal (conceitos como crueldade, egoísmo, dominância e riqueza). Nietzsche argumentou que a "moralidade escrava" surgiu, inicialmente, como uma estratégia entre judeus e cristãos, para derrubar os valores do imperialismo romano e como um meio de conquistar poder. Para ele, a moralidade escrava, na forma do cristianismo, era uma doença social hipócrita que reprimia a vontade de poder, força e criatividade e excluía esses valores como sendo intrinsecamente maus e ruins.

Nietzsche estava escrevendo em uma época em que a teoria darwiniana da origem das espécies e seleção natural exercia um efeito profundo sobre as visões cristãs tradicionais de Deus e de religião. Nietzsche argumentava que esses desenvolvimentos na ciência e a crescente secularização na Europa haviam, efetivamente, "matado Deus". Embora essa perda de uma perspectiva universal proporcionada pela religião resultasse, inicialmente, em um vazio e ausência de significado para a vida humana (uma queda para o niilismo, ou "nada"), Nietzsche postulava a noção de que os indivíduos estavam agora livres para construir novos valores éticos, que poderiam fornecer as fundações para uma nova civilização, defendendo que nós mesmos poderíamos, efetivamente, "tornarmo-nos deuses".

Nietzsche adotou um estilo determinadamente literário para sua escrita, enchendo seu trabalho com séries de aforismos, pronunciamentos retóricos e ataques polêmicos às escolas de pensamento existentes. Ele teve problemas de saúde a vida inteira e períodos de severa doença mental que são, muitas vezes, tomados como justificativa para a natureza errática, desequilibrada e inconsistente de seus trabalhos. Ironicamente, ao evitar a disciplina e o rigor acadêmicos tradicionais, e ao rejeitar qualquer forma de sistematização, a filosofia de Nietzsche abriu espaço para diferentes interpretações, tanto à direita, quanto à esquerda do espectro político, mais notavelmente por Hitler e sua ideologia nazista da "raça superior". Mesmo assim, resta um interessante poder poético em seus melhores escritos, como mostrado aqui, com o uso expressivo de perguntas retóricas:

Deus está morto. Ele permanece morto. E nós o matamos. No entanto, sua sombra ainda assoma. Como consolarmo-nos, os assassinos de todos os assassinos? O que já existiu de mais sagrado e poderoso sobre a terra sangrou até a morte sob nossas facas: quem limpará esse sangue de nós? Que água há para que nos purifiquemos? Que festivais de expiação, que jogos sagrados teremos de inventar? A grandeza desse ato não é grande demais para nós? Não devemos nós mesmos tornarmo-nos deuses apenas para parecermos dignos dele?

A Gaia Ciência, Seção 125 (1882)

VOLTAIRE

*"Se Deus não existisse, seria
necessário inventá-lo."*

Voltaire (1694–1778)

VOLTAIRE ERA O PSEUDÔNIMO LITERÁRIO de François
Marie Arouet, um escritor e filósofo prolífico, cuja vasta
obra continha múltiplas formas literárias, incluindo peças
de teatro, poesias, romances, ensaios, trabalhos científicos
e históricos, mais de 21 mil cartas e mais de 2 mil livros e
panfletos. Muitos de seus trabalhos em prosa mais populares tinham a forma de romances de capa e espada, episódicos e aventurosos. Esses eram escritos, muitas vezes,
como polêmicas, e continham prefácios mordazes explicando os motivos do autor.

O trabalho mais conhecido de Voltaire, *Cândido* (1759),
foi construído em torno de um ataque sistemático e fulminante à filosofia de Gottfried Leibniz e, ironicamente,
satiriza a marca particular de otimismo filosófico e moral

deste. Embora considerado, por alguns segmentos, como tendo pontos de vista de certa maneira cínicos sobre a natureza humana, Voltaire mesmo assim acreditava que o homem podia encontrar a virtude moral por meio da razão, e que esta, aliada à observação do mundo natural, era suficiente para determinar a existência de Deus.

Os principais trabalhos filosóficos de Voltaire estão contidos em seu *Dicionário Filosófico*, publicado em 1764, que continha artigos, ensaios e panfletos atacando a classe política francesa e, em particular, a Igreja Católica Romana. Entre as muitas causas civis que Voltaire defendia em seus ensaios, estava o direito a um julgamento justo, a liberdade de imprensa, a liberdade de expressão e a tolerância de outras religiões. Ele também buscava expor e denunciar as hipocrisias e injustiças que via como inerentes ao *ancien régime*, a estrutura social e política da França entre os séculos XV e XVIII. O *ancien régime*, para Voltaire, baseava-se em um desequilíbrio do poder, posto firmemente a favor do clero e da aristocracia nobre, à custa das pessoas comuns e classes médias, que eram oprimidas por sistemas tributários debilitantes e corruptos. Como a Igreja Católica Romana parecia ser não somente cúmplice nessa corrupção, como também uma parte principal do aparato do Estado, o clero naturalmente sofria as consequências da ira de Voltaire. Opondo-se profundamente à religião organizada, Voltaire era crítico severo do catolicismo, e considerava a Bíblia um guia de referência legal e/ou moral ultrapassado, trabalho do homem e não palavra de Deus.

Havia, no entanto, algumas inconsistências curiosas nas posições radicais que Voltaire escolheu adotar. Capaz de, em um ensaio, construir argumentos eruditos e veementes pelo estabelecimento de uma monarquia constitucional, ele então rejeitaria, em outro ensaio, os princípios da democracia, por dar voz às massas mal informadas e ignorantes. Assim como Platão, Voltaire via o papel da monarquia na sociedade a partir de uma posição de absolutismo modificado – um sistema mediante o qual o rei, ou rainha, governa sob a orientação de um grupo de conselheiros designados, tendo os melhores interesses do reino e de seus súditos em seus corações, pois assegurar a riqueza e a estabilidade da sociedade como um todo é algo que interessa ao rei.

A afirmação de Voltaire, muitas vezes citada, "Se Deus não existisse, seria necessário inventá-lo", levou a uma conclusão equivocada de que ele era ateu. Na realidade, apesar de sua oposição à Igreja, Voltaire acreditava em Deus e construiu sua própria capela privada. A citação é tirada de um de seus poemas polêmicos, *Epístola ao Autor do Livro, Os Três Impostores* de 1770, e pode ser interpretada como querendo dizer que a questão central da existência de Deus é, em grande parte, imaterial, na medida em que muitas civilizações criaram deuses para explicar os fenômenos naturais. Como um seguidor do deísmo, Voltaire rejeitava o misticismo e a censura do ensino religioso, acreditando que a razão e a natureza proporcionam a base para as crenças religiosas: "É perfeitamente claro, para a minha mente, que existe um ser necessário, eterno, supremo e inteligente. Isso não é uma questão de fé, mas de razão".

Voltaire é mais conhecido por seus aforismos memoráveis. Uma das máximas mais frequentemente citadas atribuídas a ele, sobre a questão da liberdade de expressão

("Eu desaprovo o que você disse, mas defenderei até a morte o seu direito de dizê-lo"), é, no entanto, totalmente apócrifa. Na realidade, ela foi escrita pela escritora inglesa Evelyn Beatrice Hall, em sua biografia de Voltaire, de 1906, *Os Amigos de Voltaire*.

MARX

"A religião é o signo dos oprimidos...
é o ópio do povo."

Karl Marx (1818–1883)

O FILÓSOFO, CIENTISTA SOCIAL, HISTORIADOR e revolucionário Karl Marx é, para o bem ou para o mal, o mais influente pensador socialista a emergir no século XIX. Embora tenha sido, em grande parte, ignorado por acadêmicos durante sua vida, suas ideias sociais, econômicas e políticas ganharam rápida aceitação no movimento socialista após sua morte, em 1883. Até bem pouco tempo atrás, quase metade da população do mundo vivia sob regimes que alegavam ser marxistas. Todo esse sucesso, no entanto, significou que as ideias originais de Marx foram muitas vezes modificadas pelas forças da história, e suas teorias adaptadas a uma grande variedade de circunstâncias políticas, na maioria dos casos em detrimento daquelas pessoas para as quais foram aplicadas. Além disso, o fato de Marx ter retardado a publicação de muitos de seus escritos fez com que apenas recentemente estudiosos tivessem a oportunidade de avaliar sua estatura intelectual.

Marx e seu colega Friedrich Engels desenvolveram uma filosofia conhecida como "materialismo dialético". Essencialmente, trata-se da fusão das ideias da dialética e do materialismo, que pressupõe que todas as coisas no universo são materiais; que a evolução está constantemente ocorrendo em todos os níveis da existência e em todos os sistemas; que fronteiras definidas são conceitos criados pelos homens, mas que não existem na realidade na natureza; e que o universo é uma entidade unificada interconectada, na qual todos os elementos estão ligados entre si e são dependentes uns dos outros. A filosofia sustenta que a ciência é o único meio pelo qual a verdade pode ser determinada.

Para compreender o marxismo, você tem de compreender o iluminismo dos séculos XVIII e XIX. Marx fez parte de um movimento maior na filosofia do iluminismo alemão; suas ideias não saíram do nada, elas eram uma extensão das teorias que vinham se desenvolvendo na Europa ao longo dos anos de 1600, 1700 e 1800. Marx foi um membro dos Jovens Hegelianos, um grupo que havia se formado após a morte do famoso filósofo alemão, Hegel. A filosofia de Hegel era baseada na dialética.

Após a morte de Hegel, sua filosofia continuou a ser ensinada em Berlim e uma cisão ideológica ocorreu entre os estudantes de seus ensinamentos. Por fim, emergiram ramificações à direita, centro e esquerda da ideologia, os Jovens Hegelianos assumindo a divisão à esquerda do pensamento de Hegel. Eles começaram a usar seu método dialético para criticar seu próprio trabalho, tentando provar que a própria filosofia de Hegel, quando completamente desdobrada, apoiava o materialismo ateu. Os Jovens Hegelianos criticavam as instituições religiosas e, em consequência disso, muitos foram impedidos de se tornarem professores nas instituições na região que se tornaria a Alemanha, e fora dela. Assim começou o período de dissociação de Marx de suas origens relativamente ricas e seu movimento em direção à austeridade, que duraria o resto de sua vida. Ele terminou vivendo e escrevendo seu maior trabalho, *O Capital*, em Londres, e está enterrado no cemitério de Highgate.

A contribuição pessoal de Marx para o debate hegeliano foi escrever a *Crítica da Filosofia do Direito de Hegel*, que continha em sua introdução o conhecido parafraseado parágrafo: "O sofrimento religioso é, a um só tempo, a expressão do sofrimento real e um protesto contra o sofrimento real. A religião é o suspiro da criatura oprimida, o coração de um mundo impiedoso e a alma de condições desalmadas. Ela é o ópio do povo".

Marx via a religião como uma consequência da relação do homem com os meios de produção. Era um resultado da infelicidade do homem com a vida e seu desconhecimento das forças sociais e econômicas. Portanto, a posição marxista sobre a religião é: 1) que a crítica da religião e o avanço da ciência são armas importantes para combater os pontos de vista religiosos; e 2) que a religião jamais será completamente eliminada, até que o homem tenha controle sobre a economia e não seja mais alienado das forças produtivas.

Trata-se de uma concepção equivocada acreditar que Marx estava dizendo que a religião era uma droga metafórica, criada, mantida e tolerada pela classe dominante, para manter as massas felizes. Na realidade, Marx estava preocupado com problemas bem mais importantes. Entre outras coisas, ele estava descrevendo as condições humanas básicas sob as quais um ser humano abstrato poderia existir. "O homem é o mundo do homem, Estado, sociedade", ele concluiu, e o conceito de Deus era uma invenção necessária em um "mundo invertido". Uma vez que o mundo estivesse do lado certo, a ideia não seria necessária. Em outras palavras, a religião era uma necessidade do proletariado para lidar com suas condições de vida. Assim que a revolução criasse uma sociedade justa e com propósito, a necessidade de acreditar em qualquer coisa a não ser aquilo que "é", ou que tem existência material, desapareceria.

KIERKEGAARD

*"A função da oração não é influenciar
Deus, mas, em vez disso, mudar
a natureza daquele que ora."*

Søren Kierkegaard (1813–1855)

KIERKEGAARD FOI UM FILÓSOFO e teólogo nascido na Dinamarca, cujos trabalhos tiveram um efeito profundo sobre escolas de pensamento do século XX, como o existencialismo e o pós-modernismo. Nascido em uma família de classe média abastada, o pai de Kierkegaard, Michael, era um homem profundamente religioso e temente a Deus, e dado a acessos de melancolia e depressão. Um fator fundamental na doença de Michael era o profundo sentimento de culpa e ansiedade que ele sentia em relação às mortes prematuras de vários dos seus filhos. Nos seus diários, Kierkegaard descreve como seu pai passou a acreditar que Deus o estava punindo por seus pecados (ele havia engravidado sua esposa Ane quando ela trabalhava como empregada na casa de sua família, e havia sido forçado a casar com ela para evitar um escândalo), e como consequência disso estava convencido de que nenhum de seus filhos viveria mais do que ele. Dos sete filhos, apenas Søren, o mais novo, e seu irmão, Peter, sobreviveram ao pai.

Kierkegaard estudou teologia na Universidade de Copenhague, com o intuito de seguir seu irmão e entrar para a Igreja, mas, após o rompimento de seu noivado com Regina Olsen, o amor de sua vida, Kierkegaard decidiu dedicar-se a seus escritos (tendo adquirido uma riqueza considerável com a morte do pai). Ele rejeitava as tendências germânicas impregnadas na filosofia e era particularmente crítico à influência da noção de Hegel de que o que é real é racional e de que o universo pode ser compreendido por meio do discurso lógico. A principal preocupação de Kierkegaard era determinar como viver melhor a partir de um ponto de vista individualista e subjetivo, e os mecanismos por meio dos quais os seres humanos exercem a liberdade de escolha.

Em *Temor e Tremor* (1843), Kierkegaard explora o que considera as três esferas contrastantes da existência humana. Na primeira esfera, a estética, a vida é dominada pelos prazeres e motivações sensoriais imediatos, sejam físicos ou intelectuais. A segunda esfera, a ética, exige que os indivíduos submetam-se a responsabilidades morais, compromissos e códigos, em nome do bem maior. A terceira esfera, que Kierkegaard chamou de religiosa, exige um salto de fé supremo para habitá-la, na medida em que exige que se abra mão de tudo, incluindo padrões éticos e o bem universal, a fim de viver uma vida devotada a Deus. Como exemplo,

Kierkegaard cita a história bíblica de Isaque e Abraão, na qual Deus pede que Abraão leve seu filho querido Isaque para a montanha e o sacrifique, a fim de provar a força de sua fé. Essa história, de acordo com Kierkegaard, ilustra a separação da esfera ética da religiosa. Claramente, a escolha ética para Abraão seria não matar seu filho, na medida em que o assassinato de um inocente é algo claramente errado. No entanto, o fato de que Abraão estava disposto a demonstrar sua fé em Deus cometendo o pecado do infanticídio provou que ele havia passado para a esfera religiosa.

Para Kierkegaard, Deus é incognoscível a não ser pela fé, e a fé é, na essência, individualista e subjetiva, não lógica e objetiva. Portanto, sua visão da função da oração sugere que Deus não pode ser regido pelos desejos de um indivíduo, pois não há uma prova ou verdade objetiva da existência de Deus. Se, por exemplo, um indivíduo ora pedindo a Deus força em tempos de adversidade, ele está passando para a esfera religiosa e submetendo-se à fé, o que distancia sua "natureza" das esferas universal e ética e a leva para a esfera religiosa, que é subjetiva e singular.

Embora Kierkegaard pareça acreditar no valor intrínseco da fé, posteriormente, em sua vida, ele foi bastante crítico a respeito da religião organizada e do cristianismo ortodoxo em particular. Os códigos e práticas da religião eram, de acordo com Kierkegaard, asfixiantes para o livre-arbítrio e a escolha individual. Afinal de contas, se Deus criou o homem, a maior dádiva que ele concedeu para sua criação foi a liberdade de escolha entre o certo e o errado, acreditar ou deixar de acreditar, de contemplar como viver e agir melhor. Portanto, era importante que os indivíduos assumissem a responsabilidade por sua própria fé (ou falta dela) e não fossem coagidos ou condenados a crer pela doutrina e por dogma religiosos.

BACON

*"Um pouco de filosofia faz a
mente do homem tender ao ateísmo,
mas aprofundar-se na filosofia traz
sua mente de volta à religião."*

Francis Bacon (1561–1626)

SIR FRANCIS BACON FOI UM IMPORTANTE FILÓSOFO, escritor científico, advogado e político da Renascença, durante os reinos da rainha Elizabeth I e James I. A escrita de Bacon cobre um amplo espectro de assuntos, abrangendo filosofia natural, lei, metodologia científica, ética e religião.

Nascido em uma família aristocrática rica (o pai de Bacon foi *Sir* Nicholas Bacon, lorde chanceler do grande selo na corte elisabetana), os primeiros anos de educação de Bacon foram conduzidos em casa por um tutor particular. Aos 12 anos, Bacon entrou na Universidade de Cambridge, onde teve o dr. John Whitgift como professor, um clérigo controverso que mais tarde tornou-se arcebispo de Canterbury. Bacon foi um estudante precocemente dotado e foi apresentado à rainha Elizabeth I durante seu tempo em Cambridge. Após a universidade, Bacon assumiu o cargo de cônsul adjunto do embaixador inglês em Paris e viajou extensivamente pela Europa, estudando línguas e a lei. Após a morte do pai, Bacon retornou à Inglaterra para assumir um cargo na Gray's Inn, a associação profissional de advogados e juízes, para advogar.

Suas experiências diplomáticas no continente haviam gerado ambições políticas e, dando as costas para a lei, ele embarcou na carreira política, que provou-se, no entanto, de certa maneira acidentada: por um lado, ele foi congressista em ambas as casas do Parlamento e serviu como lorde chanceler. Por outro lado, ele foi preso por endividamento e acusado de corrupção. Ao que consta, foi tirado do cargo por aceitar subornos e dedicou o restante da sua vida a escrever e desenvolver suas ideias sobre ciências e filosofia.

Bacon foi um importante defensor do raciocínio indutivo na investigação científica, às vezes referido como o "método baconiano". A indução rejeita a ideia de formular silogismos (argumentos lógicos nos quais uma proposição é inferida a partir de duas ou mais premissas, ver p. 34), como Aristóteles defendia no raciocínio dedutivo. Em vez disso, Bacon era a favor de acumular dados sólidos em torno, primeiro, de princípios e então avançar para as generalizações de fenômenos observáveis, desse modo determinando o que ele chamava de "formas" de fenômenos. Havia lido as obras de Aristóteles quando era jovem e, embora elas o tenham ajudado a estimular sua imaginação e sua mente curiosa, rejeitava a metodologia aristotélica como sendo estreita demais para ser uma forma verdadeiramente adequada de compreender as maravilhas da natureza e da existência humana.

O famoso aforismo de Bacon a respeito da religião e da filosofia é tirado de seu estudo do ateísmo em sua coleção de ensaios de 1612, uma série de meditações sobre uma ampla gama de assuntos, cobrindo tudo, da verdade e sabedoria à ambição, vingança e superstição (há até um ensaio expondo as virtudes dos jardins e da jardinagem). O ensaio "Sobre o ateísmo" é a tentativa de Bacon de explorar as razões por trás da perda da fé, ou da crença em Deus, pelas pessoas, e as circunstâncias nas quais o ateísmo se desenvolve. O próprio Bacon foi criado em um lar estritamente calvinista e tinha opiniões profundamente religiosas, mas deplorava algumas das superstições e pomposidade que cercam a religião. Ele usava o termo "filosofia" para se referir à investigação científica por meio de experimento e observação, e concluiu que a existência de Deus poderia ser provada pelas maravilhas da natureza. Apenas isso, acreditava, seria suficiente, na medida em que a revelação por meio de milagres vai contra a compreensão humana e o conhecimento do mundo físico. Os milagres aparecem nas escrituras não para negar os ateístas, mas para instruir os pagãos (aqueles sem fé). Vale a pena observar que Bacon fez uma distinção clara entre o ateísmo como um sistema de crença e os pagãos como pessoas que não são esclarecidas. Sua visão era a de que o ateísmo dos filósofos antigos, como Epicuro e seguidores do atomismo, não tinha profundidade em sua metodologia, mas que o contínuo questionamento filosófico (ou observação dos fenômenos naturais), inevitavelmente, aproxima a pessoa da possibilidade da existência de uma força maior trabalhando com uma inteligência que existe invisível no mundo.

Refletindo sobre o que via como as causas do ateísmo, Bacon concluiu que, em tempos de paz e prosperidade, o ateísmo prospera, mas no entanto, em períodos de adversidade e sofrimento, a sociedade volta-se para a religião em busca de compreensão, força e esperança.

Em outro ensaio, "Sobre a morte", Bacon comparou o temor da morte com o temor das crianças pequenas do escuro e, por extensão, do desconhecido, que se confunde com a superstição (um de seus alvos favoritos):

> Os homens temem a morte, como as crianças temem entrar no escuro; e, da mesma forma que o temor natural nas crianças é aumentado por histórias, assim ocorre com o outro. Certamente, a contemplação da morte, como salário do pecado e passagem para outro mundo, é sagrada e religiosa; mas o temor dela, como tributo devido à natureza, é fraco.
>
> *Ensaios*, "Sobre a morte" (1612)

No ensaio, Bacon examinou as ideias religiosas em torno da contemplação da morte, como o conceito católico da mortificação, e concluiu que a morte é um fenômeno natural e, portanto, não deve ser temida. Também argumentou que determinadas circunstâncias e o despertar de paixões vitais, como amor, honra, luto e a intenção de corrigir uma injustiça (vingança), podem fazer com que uma pessoa supere o temor da morte, da mesma maneira que uma causa nobre torna um homem insensível à dor e ao sofrimento.

Embora alguns dos ensaios de Bacon sejam muito breves e variem dramaticamente em estilo, da dissecação sistemática de argumentos e ideias a séries de aforismos acanhadamente literários, eles provaram-se particularmente populares quando publicados pela primeira vez no século XVII, e encontraram muitos admiradores entre os escritores e intelectuais contemporâneos. Lorde Alfred Tennyson escreveu a respeito de *Os Ensaios*: "Há mais sabedoria condensada em um pequeno volume do que em qualquer outro livro do mesmo tamanho de que eu tenha conhecimento".

SANTO AGOSTINHO

"Somos fracos demais para saber
a verdade apenas pela razão."

Santo Agostinho (354–430 d.C.)

AGOSTINHO DE HIPONA, também conhecido como Santo Agostinho, nasceu na cidade de Tagaste, um destacamento avançado na Argélia do Império Romano, em 354 d.C. Agostinho foi criado como cristão e mandado para Cartago aos 17 anos, para estudar latim e retórica. Em Cartago, Agostinho parece ter se envolvido com a turma errada, abandonando o cristianismo, seguindo a religião do maniqueísmo — uma fé cosmológica antiga originária da Babilônia — e entregando-se a toda sorte de excessos comuns durante os anos de decadência do Império Romano. Consta que ele bebia abusivamente, tinha um apetite sexual voraz e se comportava de maneira absolutamente hedonista, sua visão de mundo resumida em seu famoso apelo: "Conceda-me a castidade e a continência, mas não ainda".

Em seguida a esse período libertino, Agostinho, um acadêmico talentoso, deu aulas de retórica em Cartago e Roma, antes que lhe fosse concedida o cargo prestigioso de professor de filosofia na corte imperial de Milão. A essa altura, Agostinho havia se distanciado do misticismo maniqueísta e, após flertar brevemente com filosofias da moda (à época), como o ceticismo e o neoplatonismo, finalmente converteu-se ao cristianismo em 387. A lenda conta como Agostinho, em um momento de ansiedade e desespero depois de contemplar sua vida de pecado, entrou em um jardim onde ouviu uma criança cantando as palavras "Pegue e leia". Agostinho voltou para casa, apanhou um exemplar da Bíblia e abriu-a em uma página aleatória. Caindo na Epístola de Paulo aos Romanos, leu o versículo: "Nada de orgias, nada de bebedeira; nada de desonestidades, nem dissoluções; nada de contendas, nada de ciúmes. Ao contrário, revesti-vos do Senhor Jesus Cristo e não façais caso da carne nem lhe satisfaçais os apetites" e tomou isso como uma ordem para abandonar sua vida de excessos e adotar uma vida piedosa e de devoção a Cristo.

Após converter-se ao catolicismo, Agostinho voltou para sua Argélia nativa, para praticar religião e, após a morte de seu filho Adeodato (nascido fora do casamento, como resultado de um longo caso com uma concubina durante seus anos libertinos), abandonou suas posses mundanas, dando todo seu dinheiro para os pobres e mantendo apenas a casa da família, que converteu em um monastério. Em 391, Agostinho foi ordenado padre, tornando-se bispo de Hipona (hoje Annaba, na Argélia) em 395, e passou o resto de seus dias pregando o cristianismo e escrevendo prolificamente sobre a teologia e a religião católica. Autor de mais de cem livros e várias centenas de orações e sermões, Santo Agostinho teve uma influência profunda sobre o desenvolvimento e disseminação do cristianismo e da teologia católica. Sua instrução elementar em filosofia e retórica, de seus anos de formação, balizam seus escritos éticos, particularmente sua análise do livre-arbítrio e da sexualidade humana (Santo Agostinho foi o primeiro escritor a moldar o conceito católico do pecado original), e influenciou o trabalho de escritores posteriores, como Tomás de Aquino, Schopenhauer e Nietzsche.

O livro mais famoso de Agostinho, certamente o mais lido, é o seu *Confissões*, uma série de cartas compridas e autobiográficas para Deus. As *Confissões* descrevem os pecados da juventude de Agostinho e sua jornada de um agnóstico sem fé para um crente devoto, e a citação "Somos fracos demais para saber a verdade somente pela razão" é um dos aforismos mais memoráveis. A frase pode ser tomada como um resumo da jornada e redenção de Agostinho, na medida em que ele declara que toda sabedoria e conhecimento, não importa quão úteis sejam, não são em si suficientes para impedir a tentação e os males do pecado. Apenas a palavra de Deus pode proporcionar o verdadeiro conforto e orientação.

SOBRE A RAZÃO E A EXPERIÊNCIA

"*Tanto a razão quanto a experiência nos proíbem de esperar que a moral nacional possa prevalecer na exclusão do princípio religioso.*"

George Washington (1732–1799)

NO SÉCULO XVIII, A ERA DA RAZÃO – caracterizada por pensadores como Descartes, Hobbes e Locke durante o século XVII – provocou um abalo sísmico na ênfase no pensamento filosófico. Avanços enormes foram feitos nas ciências naturais, e isso por sua vez levou a um questionamento de velhas certezas e a uma corrida de ideias novas, e muitas vezes competindo entre si, relativas a tudo, desde como o conhecimento e a verdade podem ser adquiridos e testados, até as primeiras noções de democracia, representação e liberdades civis. As comportas se abriram, caracterizadas pelo imperativo de Kant em seu ensaio "O que é iluminismo?" A mente humana estava emergindo da escuridão da infância e amadurecendo como a mente de uma criança curiosa, enquanto Kant instava as pessoas a "terem a coragem de saber". Razão e experiência tornaram-se as palavras de ordem nessa nova filosofia, que estava mais preocupada com como as coisas realmente são do que como elas poderiam ou possivelmente deveriam ser.

No entanto, nem todo iluminismo foi positivo. Houve consequências mais sombrias desse novo despertar, como provado pelo reino do terror pós Revolução Francesa e pelo trabalho do possivelmente mais mal-humorado pensador de todos os tempos, Arthur Schopenhauer, que uma vez escreveu em um ensaio que todas as pessoas deveriam engolir um sapo vivo no café da manhã, para garantir que não teriam de experimentar nada tão desalentador novamente pelo resto do dia. Também seria um erro acreditar que o *status quo* adotou o novo iluminismo de braços abertos. A citação do prefácio para essa parte é tirada do discurso de despedida de George Washington para o povo americano e ilustra que, embora tenha havido uma explosão do pensamento livre em alguns segmentos, a velha guarda – os protetores da moralidade baseada na religião – estava profundamente desconfiada e assustada com essas ideias novas sobre como ver este mundo e viver nele.

Ler os grandes pensadores da razão e da experiência não deve ser difícil. A maior parte do que eles tinham para dizer parece bastante claro hoje em dia, óbvio até. No entanto, de certo modo seus argumentos podem ser difíceis de serem seguidos. Isso ocorre em grande parte devido ao zelo intelectual com o qual abordavam suas investigações, assim como sua busca apaixonada por um sistema de pensamento abrangente, que encerrasse tudo. Não ajudou também o fato de esse espírito de competitividade levar a rivalidades mesquinhas. O filósofo alemão Schopenhauer odiava Hegel de uma maneira quase patológica, e que o levou a assumir um cargo na Universidade de Berlim, onde Hegel tinha uma cátedra, apenas para tentar provar que suas ideias eram mais populares entre os estudantes (ele fracassou de maneira realmente espetacular). Mesmo assim, os filósofos das eras da razão e do iluminismo representam um momento fundamental na história da filosofia.

HEGEL

*"O que é racional é real e o
que é real é racional."*

*"A verdade na filosofia quer
dizer que o conceito e a realidade
externa se correspondem."*

*"Tragédias genuínas no mundo não são
conflitos entre o certo e o errado. São
conflitos entre dois certos."*

Georg Wilhelm Friedrich Hegel (1770–1831)

GEORG HEGEL NASCEU EM 27 DE AGOSTO DE 1770, em
Stuttgart, Alemanha. Estudou filosofia e os clássicos em
Tübingen, e, após formar-se, tornou-se tutor e explorou a

teologia. Hegel dava aulas em Heidelberg e Berlim, onde escreveu e explorou conceitos filosóficos e teológicos.

Hegel foi uma figura importante no idealismo alemão. Seu relato historicista e idealista da realidade foi revolucionário à época e um fator importante no desenvolvimento de algumas correntes radicais de pensamento político à esquerda. Seu principal trabalho, *Fenomenologia do Espírito* (ou mente), foi publicado em 1807 e suas ideias desenvolveram-se em outras obras profundamente complexas até sua morte, de cólera, em 1831.

Quase tudo o que Hegel veio a desenvolver no restante de sua vida está prefigurado em *Fenomenologia*, mas esse livro está longe de ser sistemático e é geralmente aceito como difícil de ser lido. *Fenomenologia* busca apresentar a história humana, com todas as suas revoluções, guerras e descobertas científicas, como um autodesenvolvimento idealístico de um espírito ou mente objetivos.

Hegel é um filósofo notoriamente difícil de compreender. Para um iniciante com quase nenhuma instrução elementar sobre a lógica grega de Aristóteles, e os trabalhos posteriores de Descartes, Hume e Locke, trata-se provavelmente de uma tarefa cruel, que é melhor ser deixada de lado até que um conhecimento básico seja adquirido. Ele ainda causa frustração em meio aos estudiosos e é um dos filósofos que dão à disciplina sua reputação intimidativa.

Edward Caird, em seu livro *Hegel* (1883), escreve por exemplo: "Mas o auge da audácia em apresentar absolutos disparates, juntando labirintos de palavras extravagantes e sem sentido, que até então haviam pertencido apenas aos manicômios, foi finalmente alcançado em Hegel, e tornou-se o instrumento da mais descarada mistificação já vista, com um resultado que parecerá fabuloso para a posteridade, e seguirá como um monumento à estupidez alemã".

Para ter alguma possibilidade de compreender Hegel, é preciso que você se acostume com o método dialético, um tipo de argumento, ou discussão, entre dois ou mais pontos de vista opostos, mediante o qual o resultado, ou verdade, pode ser extraído. Como mecanismo para esse processo, Hegel propôs variações sobre as três "leis clássicas do pensamento" – isto é, a lei da identidade (essencialmente "verdades" que são tomadas como sendo autoevidentes) e, particularmente, as leis da [não]contradição e a do terceiro excluído. Uma paráfrase dessas duas últimas sugere, respectivamente, que declarações contraditórias não podem ser ambas verdadeiras, mas que uma das proposições tem de ser verdadeira. A dialética hegeliana é baseada em quatro conceitos:

+ Tudo é transitório e finito, e temporário.
+ Tudo é composto de contradições (forças opostas).
+ Mudanças graduais levam à crise ou pontos de virada, quando uma força supera a sua força oponente (mudança quantitativa leva à mudança qualitativa).
+ A mudança é helicoidal (espiral), não circular.

Em poucas palavras, Hegel acreditava que, quando nossa mente torna-se completamente consciente, desperta ou esclarecida, passamos a ter uma compreensão perfeita da realidade. Resumindo, nossos pensamentos sobre a realidade, e a realidade em si, serão os mesmos. Ele argumenta isso mostrando que a mente passa por uma evolução em seu caminho para o que ele chama de "espírito absoluto".

Como a filosofia de Hegel exige uma jornada, torna-se claro que é o processo que é importante, e não apenas o resultado. Existe uma luta entre um ponto de vista (ou tese) para o qual podem existir um ou mais pontos de vista opostos, ou antíteses. Um processo de debate ou disputa associada, como uma revolução ou guerra, pode levar a um nível mais elevado de compreensão (ou síntese) em relação a qual outra antítese pode emergir e, desse modo, o processo em direção à verdade continuará. Essa é uma descrição hegeliana de toda a história, como uma progressão inevitável em direção à verdade.

Sua marca na história foi profunda, no sentido de que sua influência disseminou-se através do pensamento político, à esquerda e à direita. Na realidade, os intérpretes de Hegel dividem-se nos campos "à esquerda" e "à direita". Marx foi influenciado por Hegel ao desenvolver a ideia de que a história e a realidade deveriam ser vistas dialeticamente, e que o processo de mudança – a luta – deveria ser visto como uma transição do fragmentário em direção ao completo. Esse é um desenvolvimento distorcido do que Hegel tentava sugerir na fenomenologia. No entanto, em termos práticos, é provável que Hegel tivesse aprovado a interpretação revolucionária de Marx, tendo em vista que ele vivenciou de perto a Europa revolucionária perto do fim do século XVIII. Dizem, até, que ele celebrava o Dia da Bastilha todos os anos.

EXEMPLO DO HOMEM PALITO DA DIALÉTICA HEGELIANA

Considere três grupos de homens palitos alienígenas chegados de mundos estranhos e separados. O mundo dos "As" é repleto de quadrados, triângulos e formas variadas, com arestas bem definidas. Tudo no seu mundo é colorido no espectro do malva ao vermelho. No mundo dos "Bs", no entanto, existem apenas octógonos e pentágonos, coloridos no espectro do amarelo ao verde. No planeta mais estranho ainda dos "Cs", tudo existe apenas em preto e branco, e os ângulos foram proibidos há muito tempo.

Os três grupos enviam missões em separado para o nosso planeta e se encontram para discutir um objeto que eles descobriram. Esse encontro pode ser explicado pela dialética hegeliana deste modo.

Os "As" postulam a existência de um fenômeno que eles descrevem como sendo "vermelho" e um "quadrado". Essa é a melhor descrição da verdade que eles atualmente têm. (Esta é a tese.)

Os "Bs" reconhecem alguns conceitos novos aqui, mas ainda não estão satisfeitos. Eles usam suas próprias construções da realidade para sugerir que o objeto é mais "octogonal" e "amarelo". (Esta é a antítese.)

Eles debatem e, por meio desse debate, os "As" começam a compreender o conceito de ângulos não agudos. Os "Bs" talvez consigam entender um espectro de cores além do amarelo. Juntos eles aprendem e refinam a nova visão de realidade. Um novo conceito emerge, que eles chamam de "laranja". (Esta é a síntese.)

Os "Cs" entram, então, no debate. Eles ficam intrigados com esse conceito de cores e querem aprender. Até o momento, sua descrição do fenômeno como um círculo branco era suficiente. (Esta é a segunda antítese.)

Segue-se mais um debate, novos conceitos são aprendidos e uma nova síntese emerge disso, a de um círculo laranja, que todos podemos começar a reconhecer como uma descrição mais precisa do sol.

Podemos ver aqui que o conceito e a realidade começam a corresponder através de um processo contínuo de refinamento. Também podemos ver que esse refinamento na direção da verdade advém de um debate (síntese e ressíntese) entre duas visões contrastantes da realidade, que para seus defensores são igualmente certas, verdadeiras ou válidas.

LOCKE

"O conhecimento de nenhum homem aqui pode ir além de sua experiência."

"A mente é suprida com ideias somente pela experiência."

"O bem e o mal, recompensa e punição, são os únicos motivos para uma criatura racional."

John Locke (1632–1704)

JOHN LOCKE FOI UM FILÓSOFO INGLÊS DO SÉCULO XVII, famoso por desenvolver o contrato social lockeano, que incluía ideias em torno do "estado de natureza" (o estado teórico da sociedade, que precedia o governo), "governo com o consentimento dos governados" e os direitos naturais da vida, liberdade e propriedade. Locke foi também o primeiro a desenvolver, completamente, a ideia da *tabula rasa* (a teoria de que nascemos com uma mente tipo "lousa em branco", que é formada pela experiência e percepção). Ele foi, possivelmente, o primeiro empirista inglês e, portanto, o criador de uma filosofia que foi vista, à época, como sendo genuinamente inglesa. Ele foi também um grande pensador político, e suas ideias sobre governança influenciaram muito os criadores da constituição norte-americana. Havia um traço de secularismo permeando sua obra, embora ele encontrasse um papel para Deus dentro do seu pensamento, tornando-o, na realidade, deísta.

Empiristas acreditam amplamente que o conhecimento só pode ser adquirido pela experiência, fundamentalmente a experiência sensorial, e que essa experiência é processada (ponderada) pelo cérebro. A *tabula rasa* referia-se ao estado em branco da mente, antes que ela tenha recebido qualquer dado de entrada sensorial, a partir do qual possa construir o conhecimento do mundo. Isso era distinto das crenças contemporâneas dos racionalistas como Descartes, cuja famosa declaração "*Cogito, ergo sum*" ("Penso logo existo") é um exemplo de uma conclusão que foi construída *a priori* – em outras palavras, trata-se de uma crença dedutiva, concebida sem qualquer experiência no assunto.

Um empirista poderia dizer que construímos nossa visão de realidade por meio da formação de pressupostos simples, a partir dos quais podemos criar ideias mais complexas. Por exemplo, a simples *ideia* do "amarelo" vem de vivenciarmos o amarelo sempre de novo. Uma vez que você tenha vivenciado também as ideias de um "círculo" e "calor", você poderia combinar as três para formar a ideia mais complexa do sol. Um racionalista, no entanto, poderia acreditar que somos programados para "conhecer" a forma, o amarelo e o calor, e que podemos raciocinar a ideia do sol sem tê-lo experimentado. Simplificando a questão, a epistemologia de John Locke (filosofia do conhecimento) foi uma precursora da dicotomia natureza/criação, que ainda provoca debates hoje em dia. De discussões domésticas a respeito das crianças "pegando esse comportamento de você", passando por debates sociais sobre as causas do homossexualismo e a natureza do papel das mulheres na sociedade – são todos, em parte, resultantes da rejeição de Locke do racionalismo de Descartes, e sua secularização do processo de aquisição do conhecimento.

Ele também era um "probabilista". Sugerindo que nada era absoluto, nada era certo, e que só poderíamos inferir e refinar por meio da dedução lógica, Hobbes acreditava que todas as evidências apontam para conexões *prováveis*, e ajudam a nos levar a crenças *prováveis* apenas. Isso em essência é a metodologia inglesa e, por sua popularidade através dos círculos intelectuais por onde Locke andava, ajudou a codificar o método científico que ainda é usado hoje em dia: a saber, que o conhecimento é adquirido por meio da experiência mensurada, e refinado pela repetição.

Assim como com grande parte do pensamento filosófico, tudo isso pode parecer semanticamente confuso. Você poderia exemplificar melhor o empirismo por meio de referências de seu uso alegórico e metafórico. Por exemplo, o romance *Robinson Crusoé*, de Daniel Defoe, foi chamado de a primeira (grande) obra de prosa empírica, e certamente pode ser lido pelo prisma do empirismo. A ilha em si, onde Crusoé está preso, poderia ser interpretada como uma metáfora, mas a analogia é mais forte quando referindo-se à falta inicial de entendimento, ou compreensão, por parte do herói, no seu apuro (*tabula rasa*). Crusoé começa a referir-se, em sua narrativa, a "descobrir", "sentir", "encontrar" e "ver" coisas, e subsequentemente a "compreender" novas experiências. Por fim, ele forma uma ideia de como a ilha funciona e seu lugar nela, e usando esse novo conhecimento cria constructos mais complexos, como "cabanas", "materiais" e "mecanismos", explorando como seria possível sobreviver ali. Mais tarde, ele passa a controlar o lugar e a ter domínio sobre ele. Dê-se ou não crédito a essa interpretação, é justo dizer que *Robinson Crusoé* — embora ostensivamente uma mera história de aventura — foi um dos primeiros romances de língua inglesa a ser publicado à época do desenvolvimento do empirismo e do método científico, então é possível que Defoe estivesse canalizando inconscientemente essas ideias, mesmo que não o estivesse fazendo explicitamente.

Locke nasceu em Wrington, Somerset, e estudou em Oxford, onde parecia destinado a uma carreira em medicina. Em 1666, conheceu Anthony Ashley Cooper, mais tarde primeiro conde de Shaftesbury, que tornou-se seu amigo e patrono. Locke supervisionou uma grande operação para remover um cisto hidático do fígado de Shaftesbury, em 1668; os piadistas da época acharam muito divertido que o fígado de Shaftesbury precisasse de uma cânula de prata pelo resto da sua vida. De 1675 a 1679 Locke morou na França, onde estudou o trabalho de Descartes, entre outros. Shaftesbury, que havia se envolvido seriamente com a oposição parlamentar à Casa de Stuart, fugiu para a Holanda em 1681, e Locke seguiu-o em 1683, retornando à Inglaterra após a ascensão de Guilherme de Orange, em 1688. Durante o ano seguinte, foram publicadas as grandes obras filosóficas de Locke, o *Ensaio sobre o Entendimento Humano* e *Dois Tratados sobre o Governo Civil*, assim como a *Carta sobre a Tolerância*, os últimos dois anonimamente. Os anos finais de Locke viram a publicação de *Alguns Pensamentos sobre a Educação* (1693) e *A Razoabilidade do Cristianismo* (1695). Ele passou a trabalhar para o governo em funções administrativas menores, e viveu o resto de sua vida tranquilamente como hóspede de Lady Damaris Masham, em Essex.

Embora Locke seja famoso como decano do empirismo britânico, sua filosofia é mais complexa do que isso sugere. Ele rejeitava qualquer espaço para "ideias inatas" nos fundamentos do conhecimento, e é, neste sentido, *antirracionalista*. Essa visão coloca a experiência, ou ideias de sensação e reflexão, sem dúvida na base da compreensão humana. No entanto, Locke aceitava a ideia de que parte de nosso conhecimento de objetos, conquistado a partir de aspectos mensuráveis da realidade física, como número, forma e por aí afora, nos proporciona uma representação adequada do mundo à nossa volta. Essas são as qualidades elementares de um objeto, distintas de suas qualidades secundárias, mais subjetivas − como sua cor, cheiro ou gosto. Mas o poder de saber as coisas é derivado do Deus onisciente, e "sabemos com mais certeza que há um Deus do que qualquer outra coisa fora de nós".

Embora Locke seja considerado um dos primeiros grandes filósofos ingleses da revolução científica, o aliado e "colaborador" de Boyle e Newton, ele mesmo tinha dúvidas sobre se essa filosofia natural poderia aspirar, um dia, à condição de ciência, para ele uma atividade capaz de nos proporcionar reflexões adequadas, racionais e divinas sobre as essências reais das coisas. A tarefa da epistemologia científica é exibir o que sabemos, as várias fontes de conhecimento, o emprego apropriado e, acima de tudo, os limites e capacidades duvidosas de nossa mente. Foi com esse tema que Locke conectou sua epistemologia com a defesa da tolerância religiosa. Essa doutrina radical, juntamente com seu trabalho sobre a propriedade, e a relação entre governo e consentimento, são o legado duradouro de sua filosofia política.

A grandeza de Locke encontra-se em sua atenção especial aos fenômenos reais da vida mental, mas sua filosofia equilibra-se, de fato, precariamente entre o empirismo radical de seguidores como Berkeley e Hume, e o mundo teológico da confiança na fé que sustentava a mensagem do cristianismo. Sua visão de que a religião e a moralidade deveriam ser abertas às exigências de demonstração e prova, como a matemática, o marca como uma figura-chave do iluminismo, mesmo enquanto sua insistência sobre a primazia das ideias abria o caminho para distanciamentos mais radicais desse clima.

WITTGENSTEIN

"Sobre o que você não pode falar,
você deve manter silêncio."

Ludwig Wittgenstein (1889–1951)

LUDWIG JOSEF JOHANN WITTGENSTEIN, nascido em 26 de abril de 1889 em Viena, Áustria, era um enigma carismático que encaixava-se perfeitamente no arquétipo do gênio solitário idiossincrático. Ele tornou-se uma espécie de figura cultuada, mas fugia da publicidade, e chegou até a construir uma cabana distante na Noruega, para viver em completo isolamento. Sua sexualidade era ambígua, mas provavelmente ele era *gay*; quão ativamente *gay*, ainda é uma questão controversa. Sua vida parecia ter sido dominada por uma obsessão pela perfeição filosófica e moral, que, em determinado momento, levou-o a insistir em confessar-se com várias pessoas. Apesar disso – e apesar de ter sido batizado em uma igreja católica e ter recebido um enterro católico –, ele não era um crente nem praticava o cristianismo.

A família Wittgenstein era grande e rica, e sua casa atraía músicos e pessoas ligadas à cultura, incluindo o compositor Johannes Brahms, amigo da família. A música se manteve importante para Wittgenstein durante toda sua vida. Assim como questões mais sombrias. Ludwig era o mais jovem de oito irmãos, e, de seus quatro irmãos homens, três cometeram suicídio.

Wittgenstein estudou engenharia mecânica em Berlim, e em 1908 foi para Manchester, para pesquisar no campo da aeronáutica, fazendo experiências com pipas. Seu trabalho em engenharia o levou a interessar-se por matemática, o que, por sua vez, levou-o a pensar a respeito das questões filosóficas relacionadas aos fundamentos da matemática. Acabou indo para Cambridge e estudando com Bertrand Russell.

Quando seu pai morreu, em 1913, Wittgenstein herdou uma fortuna que rapidamente passou adiante. Quando a guerra irrompeu, no ano seguinte, ele se apresentou como voluntário no exército austríaco. Continuou seu trabalho filosófico e ganhou diversas medalhas por bravura durante a guerra. O resultado de seu pensamento sobre a lógica foi o *Tratado Lógico-Filosófico*, que acabou sendo publicado na Inglaterra em 1922, com a ajuda de Russell. Esse foi o único livro que Wittgenstein publicou durante sua vida. Tendo assim, em sua opinião, solucionado todos os problemas da filosofia, tornou-se professor de escola primária na Áustria rural, onde sua abordagem era severa e pouco popular, mas aparentemente efetiva. Ele passou os anos de 1926–1928 meticulosamente projetando e construindo uma casa austera em Viena, para sua irmã Gretl.

Em 1929, Wittgenstein voltou a Cambridge para dar aulas no Trinity College, reconhecendo que, na realidade, tinha mais trabalho a fazer na filosofia. Ele tornou-se professor de filosofia em Cambridge em 1939. Durante a Segunda Guerra Mundial, trabalhou como porteiro de hospital em Londres e como técnico de pesquisa em Newcastle. Após a guerra, retornou ao ensino universitário, mas pediu demissão do cargo em 1947, para concentrar-se na escrita. Grande parte disso ele fez na Irlanda, preferindo locais rurais isolados para trabalhar. Em 1949, ele havia escrito todo o material que foi publicado após a sua morte como *Investigações Filosóficas*, possivelmente sua obra mais importante. Wittgenstein passou os últimos dois anos da sua vida entre Viena, Oxford e Cambridge, e seguiu trabalhando até morrer de câncer de próstata em Cambridge, em abril de 1951. Seu trabalho desses últimos anos foi publicado como *Da Certeza*. Suas últimas palavras foram: "Diga a eles que tive uma vida maravilhosa".

No seu austero tomo *Tratado*, Wittgenstein postulou confiantemente que havia solucionado todos os enigmas filosóficos (embora mais tarde tenha repudiado isso). O principal tema do *Tratado* como um todo pode ser resumido da seguinte maneira: tendo em vista que as proposições meramente expressam fatos a respeito do mundo, as proposições em si são inteiramente destituídas de qualquer valor quando descrevendo a realidade. Os fatos são apenas fatos. Todo o resto, tudo a respeito do que nos importamos, tudo que possa dar sentido ao mundo, tudo que nós *sentimos*, está comprometido. Ele acreditava que uma linguagem apropriadamente lógica lida apenas com o que é verdadeiro.

Expressões subjetivas ou estéticas sobre o que é *belo*, ou julgamentos subjetivos sobre o que é *bom*, não podem nem ser expressos dentro da linguagem lógica, tendo em vista que "transcendem" o que pode ser representado em pensamento. Eles não são fatos. A obtenção de uma descrição completamente satisfatória da maneira como as coisas são, deixaria sem respostas (mas também sem possibilidade de pergunta) todas as questões mais significativas às quais a filosofia tradicional se dedica. Em outras palavras, o argumento de Wittgenstein invalida seu próprio argumento; mesmo as conquistas filosóficas do próprio *Tratado* não passam de um contrassenso útil – uma vez apreciadas, elas próprias devem ser descartadas. O livro conclui com a declaração solitária: "Sobre o que você não pode falar, você deve manter silêncio".

Essa é uma mensagem realmente dura, pois torna, literalmente, indescritível uma parcela bem grande da vida humana. Como resumiu o amigo e colega de Wittgenstein, Frank Ramsay: "Aquilo que não se pode falar, não se pode falar, e não se pode assobiar também".

Foi esse sentido, cuidadosamente delineado, do que uma linguagem lógica pode expressar propriamente que influenciou os membros do Círculo de Viena em sua formulação dos princípios do positivismo lógico (a crença fortemente empírica de que a prova científica e a experiência sensorial direta são a única base do conhecimento). O próprio Wittgenstein supunha que não havia nada mais para os filósofos fazerem. Fiel a essa convicção, ele abandonou a disciplina por quase uma década.

KANT

*"Age de tal modo que a
máxima de tua ação possa sempre
valer como princípio universal."*

Immanuel Kant (1724–1804)

IMMANUEL KANT (VER P. 37) FOI UM ACADÊMICO e filósofo alemão que contribuiu de maneira expressiva para o período do iluminismo da filosofia ocidental na Europa do século XVIII. Nascido em um lar estritamente religioso, Kant entrou para a universidade local em Königsberg, Prússia Oriental, aos 16 anos, para estudar filosofia, matemática e lógica, e permaneceu na universidade como estudante, acadêmico e professor pelo resto de sua vida. São muitas as histórias a respeito da simplicidade da vida de Kant, entre elas um relato apócrifo dizendo ser Kant tão meticuloso em sua rotina diária que os vizinhos acertavam seus relógios de acordo com o horário em que ele saía de casa para sua caminhada toda tarde. Existe a crença, também, de que Kant jamais se afastou mais de 15 quilômetros de Königsberg durante a vida, e passou uma década inteira em um isolamento autoimposto, de colegas e parceiros, a fim de dedicar-se inteiramente à produção de sua obra mais famosa, *Crítica da Razão Pura* (1781).

O principal projeto de Kant era sintetizar os diferentes segmentos de racionalismo e empirismo que haviam dominado o pensamento ocidental durante a Era Iluminista. Enquanto uma perspectiva racional reivindicava a noção de que o conhecimento humano é adquirido por meio de deduções baseadas em ideias existentes, a perspectiva empirista promovia a visão de que o raciocínio é baseado somente na observação. O conceito da razão existindo *a priori*, ou em separado, da experiência humana, e os processos por meio dos quais a mente humana molda nossa compreensão do mundo, são centrais na "crítica" de Kant. Kant não via a mente humana como um vaso vazio, que era cheio pelo contato com o mundo e experiência dele, mas, em vez disso, ela adquire, ativamente, o conhecimento mediante o processamento das informações que observa. Desse modo, a mente humana não constrói o mundo à nossa volta; em vez disso, nossas faculdades cognitivas refletem como a mente as percebe. Nas palavras de Kant: "Podemos conhecer das coisas, *a priori*, somente o que nós mesmos colocamos nelas".

Ao concentrar-se sobre a primazia da autonomia humana, Kant argumentou que a compreensão humana é a fonte das leis gerais da natureza, que estruturam as experiências. Kant expandiu sua noção para postular que a razão humana fornece o fundamento para a lei moral, a qual, por sua vez, atua como base para a crença em Deus, liberdade e imortalidade. Assim, o conhecimento científico, a moralidade e a religião mantêm a consistência entre si devido à preeminência da autonomia humana.

Em relação à lei moral ou ética, Kant sugeriu a existência de um "imperativo categórico", ou um princípio moral supremo de universalidade. Julgamentos morais, para Kant, são determinados de acordo com a construção do que ele chamou de "máximas", ou os princípios que orientam as ações. Em termos básicos, a vontade de atuar sobre uma máxima deve levar em consideração suas implicações universais. Em *Fundamentação da Metafísica dos Costumes* (1785), Kant usa o exemplo de um empréstimo feito por ele a fim de aumentar a sua riqueza. No enredo, a pessoa que empresta o dinheiro morre em seguida, não deixando registro algum da transação. Kant deveria, então, negar ter tomado o dinheiro emprestado? Para testar sua nova máxima, Kant pergunta se seria permissível a todas as pessoas, como uma regra universal, negarem ter tomado dinheiro emprestado, e conclui que não, pois isso tornaria a prática do empréstimo de dinheiro inteiramente obsoleta e impossível, independentemente das circunstâncias individuais. Assim, a declaração de Kant – "Age de tal modo que a máxima de tua ação possa sempre valer como princípio universal" – propõe que, a fim de agir com liberdade moral, as máximas ou vontade de agir devem ser testadas como leis universais para determinar se são moralmente permissíveis.

SARTRE

"Tudo o que existe nasce por razão nenhuma, continua vivendo por fraqueza e morre por acidente."

Jean-Paul Sartre (1905–1980)

NASCIDO EM 21 DE JUNHO DE 1905, em Paris, França, Jean-Paul Sartre foi um intelectual revolucionário e defensor do existencialismo, que apoiou causas esquerdistas na França e em outros países. Escreveu uma série de livros, incluindo o altamente influente *O Ser e o Nada*, e ganhou o Prêmio Nobel em 1964, embora tenha aberto mão dele. Manteve uma longa relação com a celebrada pensadora Simone de Beauvoir.

Sartre era filho único de um oficial da Marinha, Jean-Baptiste Sartre, e de Anne-Marie Schweitzer. Sartre perdeu o pai na infância. Sua mãe, Anne-Marie, após a morte do marido, mudou-se de volta para a casa dos pais, em Meudon, para criar o filho. Na juventude, Sartre interessou-se por filosofia após ler o ensaio de Henri Bergson "Tempo e Livre-Arbítrio". Ele obteve um doutorado em filosofia na École Normale Supérieure, em Paris, absorvendo ideias de Kant, Hegel, Kierkegaard, Husserl e Heidegger, entre outros. Em 1929, conheceu Simone de Beauvoir, uma estudante na Sorbonne que seguiu carreira para tornar-se uma ilustre filósofa, escritora e feminista. Os dois tornaram-se companheiros de uma vida inteira e, juntos, desafiaram as expectativas culturais e sociais de suas respectivas formações "burguesas". O conflito entre a conformidade opressiva e a autenticidade, que o casal abordava e confrontava abertamente em suas vidas pessoais, tornou-se o tema dominante do início da carreira de Sartre e depois, retrospectivamente, incrementou sua reputação entre os movimentos radicais de estudantes nos anos 1960.

Em 1939, Sartre foi convocado para o exército francês, onde serviu como meteorologista. Foi capturado por tropas alemãs em 1940 e passou nove meses como prisioneiro de guerra. Retomando sua condição de civil em 1941, ele conseguiu uma colocação como professor nos arredores de Paris.

Ao retornar para a cidade, Sartre participou, com uma série de outros escritores, da fundação do grupo clandestino *Socialisme et Liberté*. O grupo foi logo dissolvido, e Sartre decidiu dedicar-se à escrita, em vez de continuar seu envolvimento na resistência ativa. Pouco tempo depois, publicou *O Ser e o Nada*, *As Moscas* e *Entre Quatro Paredes*, as obras existencialistas que o tornariam famoso. Sartre inspirou-se, diretamente, em sua experiência de guerra para seu trabalho. Após a libertação de Paris, ele escreveu *Reflexões sobre a questão judaica*, em que, analisando o antissemitismo, tentava explicar o conceito de ódio.

Sartre prezava seu papel como intelectual público. Após a Segunda Guerra Mundial, ele emergiu como um ativista politicamente engajado. Foi um opositor declarado do regime francês na Argélia e aderiu ao marxismo, visitando Cuba e encontrando-se com Fidel Castro e Che Guevara. Sartre se opôs à Guerra do Vietnã e participou de um tribunal com a intenção de expor os crimes de guerra norte-americanos em 1967. Continuou a escrever. Sua obra mais importante após 1955, a *Crítica da Razão Dialética*, saiu em 1960. Em outubro de 1964, Sartre ganhou o Prêmio Nobel de Literatura. Ele declinou da honraria, tornando-se o primeiro vencedor do Prêmio Nobel a fazê-lo. Continuou a defender causas radicais e tornou-se, de certa forma, sinônimo da contracultura do fim dos anos 1960, inclusive participando das demonstrações em Paris em 1968. Após Sartre ter sido preso por desobediência civil durante a greve de estudantes em Paris, em 1968, o presidente Charles de Gaulle perdoou-o, comentando: "Não se prende Voltaire".

O modo de vida que Sartre levava, baseado em princípios, envolvia poucas posses. Seguiu ativamente comprometido com causas humanitárias e políticas até o fim de sua vida. Ele morreu em Paris no dia 15 de abril de 1980, quando já estava quase completamente cego. Sartre está enterrado no cemitério de Montparnasse.

O existencialismo é uma filosofia que enfatiza a excepcionalidade e o isolamento da experiência individual, em um universo hostil e indiferente. Ele considera a existência humana inexplicável, e destaca a liberdade de escolha e a responsabilidade pelas consequências das ações de uma pessoa, assim como o desenvolvimento da sua personalidade.

Na palestra "O existencialismo é um humanismo" (1946), Sartre descreveu a condição humana resumidamente: a liberdade acarreta a total responsabilidade, diante da qual experimentamos angústia, desamparo e desesperança; a genuína dignidade humana só pode ser alcançada com nossa aceitação ativa dessas emoções. Como observa Sartre, o existencialismo coloca o homem "na posse de si mesmo" e o torna responsável por toda sua existência. Mas essa liberdade só pode ser definida em relação à liberdade dos outros: não apenas responsável "por sua própria individualidade", o homem também é "responsável por todos os homens".

A citação "tudo o que existe nasce por razão nenhuma" é tirada do primeiro romance de Sartre, *A Náusea* (1938). Sartre usou várias formas literárias, como romances e peças de teatro, como enquadramentos para explorar suas ideias filosóficas. *A Náusea* é um romance epistolar, composto dos diários de um acadêmico francês ficcional, à beira da depressão (a náusea do título), enquanto tenta compreender sua vida e busca dar um sentido a ela.

O existencialismo foi rotulado como sendo uma visão de mundo sombria e desesperançada, adorada pelos estudantes, e o próprio Sartre tinha consciência disso e se sentia desconfortável a respeito. Mesmo assim, ele descreve um mundo sem sentido, para o qual as pessoas intelectualmente descontentes sentem-se atraídas, e um mundo que descreve ou reflete os sentimentos reais das pessoas, na medida em que elas se relacionam com a realidade à sua volta. Talvez o existencialismo se beneficie também por ser mais facilmente compreensível, na essência, do que as outras descrições do sentido da vida, sem recorrer à religião.

SÊNECA

*"A virtude nada mais é
que a razão certa."*

Lucius Annaeus Seneca (4 a.c. – 65 d.c.)

SÊNECA, O JOVEM, FOI UM FILÓSOFO ROMANO, estadista,
dramaturgo e orador, amplamente considerado como um
dos intelectuais mais influentes do Império Romano, da Era
de Prata da literatura latina. Nascido em uma família rica
em Córdoba, Espanha, Sêneca viajou para Roma ainda pequeno, com sua tia, para ser instruído em filosofia e retórica.
Em Roma, Sêneca foi apresentado à escola estoica helenís-
tica de filosofia, pregada por Atalo.

A escola estoica havia sido fundada em Atenas, Grécia,
três séculos antes do nascimento de Sêneca, por Antístenes,
um aluno de Sócrates. As principais áreas de investigação
filosófica dos estoicos centravam-se em questões de ética e
virtude, lógica e lei natural. No cerne dos ensinamentos estoicos encontra-se o princípio de que a bondade humana

está contida dentro da alma, que é alimentada pelo conhecimento, razão, sabedoria e comedimento. Na medida em que a virtude era considerada o caminho correto para a felicidade, os virtuosos não poderiam ser prejudicados pelo azar e eram considerados moralmente incorruptíveis. Portanto, "a virtude nada mais é que a razão certa".

Para atingir um estado de virtude e unicidade com a natureza, é necessário treinar a mente para limpá-la de pensamentos e sentimentos destrutivos, que anuviam o julgamento. As quatro virtudes fundamentais da filosofia estoica são sabedoria, coragem, justiça e temperança, um arranjo clássico delineado nas obras de Platão. Em oposição a essas virtudes encontram-se as "paixões", isto é, emoções negativas como ódio, temor, dor, raiva, inveja e ciúmes. Para os estoicos, o universo e tudo contido dentro dele são governados por uma lei natural da razão universal (ou *Logos*). *Logos* – ou destino – atua sobre a matéria passiva no universo, incluindo a alma humana, que foi considerada parte dessa matéria passiva e, portanto, sujeita à lei natural. Desse modo, o caminho para uma vida virtuosa e íntegra, una com a natureza, era aceitar com calma e autocontrole os perigos e armadilhas que o destino determina. O sofrimento deve ser suportado, aceito e considerado um teste das virtudes de um indivíduo.

O próprio Sêneca certamente sofreu reveses significativos. Ascendendo, rapidamente, a transitória hierarquia do Senado romano, Sêneca, inicialmente, como membro do conselho, apoiou o imperador Calígula. No entanto, após um escândalo sexual envolvendo a irmã de Calígula, Júlia, Sêneca foi banido para a Córsega pelo sucessor de Calígula,

Claudius. Durante seu exílio, Sêneca escreveu sua obra *Consolos* – uma série de ensaios e cartas filosóficas, delineando os princípios do estoicismo. Uma espécie de comutação de pena foi concedida a Sêneca quando ele foi chamado de volta a Roma, para ser o tutor do jovem imperador Nero, embora o notoriamente volátil Nero, mais tarde, tenha se voltado contra Sêneca, acusando-o de traição e ordenando que ele tirasse a própria vida. Embora a prova de que Sêneca estivesse envolvido em planos para derrubar o imperador fosse um tanto inconsistente, Sêneca aceitou seu destino com a calma e graça adequadamente estoicas. Após ditar seus últimos pensamentos, Sêneca cortou as veias e saltou em um tanque de água fervente, seguindo o seu próprio ditado: "O homem que não sabe morrer bem, vive mal".

SOBRE A VIDA E A MORTE

"A vida não deixa de ser divertida quando as pessoas morrem, assim como não deixa de ser séria quando as pessoas riem."

George Bernard Shaw (1856–1950)

A OPOSIÇÃO ENTRE A VIDA E A MORTE foi abordada pelos filósofos desde a era clássica, mais notavelmente por Sócrates e Epicuro. Nessa parte, embora seja feita uma referência de passagem às perspectivas dos antigos, você também encontrará muitas citações de dramaturgos, romancistas, jornalistas e poetas. A morte, de acordo com Roland Barthes, filósofo francês do século XX, é um tema mais bem interpretado pela literatura e pela arte do que por um método filosófico rigoroso. Isso ocorre, é claro, porque é impossível uma compreensão empírica da morte. A literatura e a arte, no entanto podem imaginar – dentro de um espaço ficcional e pelo prisma da linguagem – as sensações, impactos e implicações filosóficas da morte.

SÓCRATES

*"A vida sem reflexão não
vale a pena ser vivida."*

Sócrates (c. 469–399 a.C.)

NASCIDO EM ATENAS, Grécia, por volta de 469 a.c., Sócrates é considerado um dos pais fundadores da filosofia ocidental e o primeiro pensador importante do "período clássico" da filosofia grega (muitas vezes referido como período socrático), mais tarde desenvolvido por contemporâneos como Platão e Aristóteles.

Relatos da vida e profissão de Sócrates são pouco claros, na medida em que ele não colocou no papel nenhuma de suas ideias ou investigações filosóficas, e assim ficou a cargo de seus alunos partilhar seus métodos e ensinamentos. As principais fontes de informação a respeito de Sócrates vêm dos escritos de Platão. Ele foi aluno e seguidor de Sócrates, e descreve seus métodos e ideias reconstruindo uma série de "diálogos", ou discussões, que testemunhou entre Sócrates, seus alunos e outros pensadores, escritores e políticos atenienses proeminentes.

A principal contribuição de Sócrates para o desenvolvimento da filosofia foi seu uso de uma metodologia dialética conhecida como "método socrático de debate". Sócrates usava o termo *elenchus*, no sentido de "interrogar", para descrever sua abordagem. De maneira fundamental, o modelo socrático tentava chegar ao cerne de um problema testando ideias e crenças por meio da construção de uma série de perguntas. A noção subjacente a essa técnica não era simplesmente derrotar um argumento, ou hipótese, oferecendo um ponto de vista contrário, mas, em vez disso, questionar a base lógica da hipótese, explorando ou expondo suas falhas ou contradições. Para Sócrates, somente quando a falsidade, ou lógica suspeita, em determinadas ideias tivesse sido ressaltada é que as verdades fundamentais poderiam emergir adequadamente e ser adotadas como virtudes e imperativos morais.

Não é de estranhar que a insistência de Sócrates a respeito da liberdade e primazia do pensamento individual, e do direito de questionar ideias amplamente consideradas a respeito da sociedade e do mundo, tenham atraído o escárnio das autoridades atenienses, e Sócrates foi julgado por heresia e por corromper a juventude. A famosa afirmação "A vida sem reflexão não vale a pena ser vivida" é tirada do discurso de defesa de Sócrates em seu julgamento (ou do registro feito por Platão do discurso) e é dita após Sócrates ter sido considerado culpado pelo tribunal, e condenado à pena de morte. De acordo com a lei ateniense, foi dada a Sócrates a oportunidade de receber uma pena alternativa, ou o exílio autoimposto, mas ele declarou que não poderia comprometer ou abandonar seu compromisso com a investigação filosófica ou o desafio da sabedoria recebida, na medida em que isso trairia seu compromisso com a verdade, a razão e a virtude. Assim, foi dado a Sócrates um veneno letal de cicuta, que ele bebeu sem hesitação.

EURÍPIDES

"Quem sabe a vida seja o que
os homens chamam morte,
E a morte o que os homens
chamam vida?"

Eurípedes (c. 484–406 a.c.)

EURÍPIDES, JUNTAMENTE COM SÓFOCLES E ÉSQUILO, formava o triunvirato de dramaturgos gregos clássicos pioneiro em uma forma dramática comumente conhecida como "tragédia grega". Relatos da vida de Eurípides variam de histórias tiradas de lendas folclóricas ao claramente absurdo. A principal razão para as disparidades absurdas nas versões da biografia de Eurípedes vem do fato de que são tiradas quase completamente das obras de escritores gregos posteriores, e seus próprios preconceitos em relação ao lugar de Eurípides no panteão da literatura clássica. Por um lado, seus admiradores gostariam de venerar o legado de Eurípides envolvendo sua história de vida com misticismo e um toque generoso de casos pitorescos, mas em grande parte apócrifos. Por outro lado, os detratores de Eurípides, entre eles o dramaturgo cômico Aristófanes, que queriam vilipendiar suas conquistas, apresentaram-no como um bufão absorto em si mesmo ou um bajulador do filósofo Sócrates. No entanto, levando-se em consideração que o próprio Eurípides nunca deixou os fatos o atrapalharem enquanto contava uma boa história, parece apropriado nos concentrarmos na versão lendária de sua vida.

A maioria dos relatos concorda que Eurípides nasceu por volta de 484 a.C. na ilha de Salamis. Mnesarchus, pai de Eurípides, filho de mercadores locais (Aristófanes, de maneira bastante cruel, sugere que seus pais eram pequenos agricultores), consultou o Oráculo no dia do seu nascimento e lhe disseram que seu filho estava destinado a usar "coroas de vitória".

Mnesarchus acreditou que isso queria dizer que seu filho tornar-se-ia um atleta famoso e o enviou para Atenas para treinar. Eurípides, como um Billy Elliot do século V a.C., tinha outras ideias, e, depois de estudar filosofia com Anaxágoras como seu tutor, treinou para ser um dançarino do teatro ateniense, antes de se formar para escrever peças. Depois de dois casamentos desastrosos, com duas mulheres (segundo se dizia) diversas vezes infiéis, um Eurípides de coração partido retornou para sua Salamis nativa, para tornar-se um eremita e viver em uma caverna, onde cercou-se de uma vasta biblioteca e viveu em sossegada contemplação. Enquanto vivia em sua caverna, Eurípides compôs a maior parte de suas obras significativas, e sua reputação e popularidade começaram a se espalhar pela Grécia. Por fim, viu-se tentado a sair do seu exílio autoimposto e convidado a assumir uma posição na corte do rei Arquelau da Macedônia onde, de acordo com a lenda, foi acidentalmente morto após ser dilacerado pela matilha de cães molossos do rei (uma raça de cães de guarda particularmente agressiva, similar ao mastim, que, felizmente, se encontra extinta hoje em dia).

A contribuição mais notável de Eurípides à tragédia grega clássica encontra-se em sua descrição dos heróis e vilões da mitologia antiga. Inspirando-se em séculos de folclore, Eurípides imbuiu seus personagens não com poderes e reflexões divinos, mas com fragilidades e emoções humanas comuns, como temor, ansiedade e ódio. Uma provável explicação para Eurípides adotar uma abordagem realista das lendas heroicas da Antiguidade é que ele estava tentando refletir, ironicamente, os problemas e vícios do seu próprio tempo. Durante a maior parte da vida de Eurípides, Atenas envolveu-se em uma série de conflitos sangrentos com o reino de Esparta, além de suas próprias disputas internas pelo poder. Eurípides empregou truques retóricos em suas peças, fazendo com que seus personagens questionassem a natureza de sua existência e mortalidade e, por extensão, apresentando as mesmas questões para suas plateias.

"Quem sabe a vida seja o que os homens chamam morte / E a morte o que os homens chamam vida?" é uma passagem da peça *Phrixus*, de Eurípides, que examina as origens da fábula do Tosão de Ouro. De acordo com a lenda, os gêmeos Phrixus e Helle, filhos do rei Athamas, de Beotia, foram salvos de serem sacrificados por um carneiro voador com uma pelagem de lã dourada. Athamas havia tido os gêmeos após uma união ilícita com Nephele, deusa das Nuvens. Ino, a esposa mortal do rei, com ciúmes da infidelidade de seu marido, tramou um plano insidioso para ter seus enteados mortos, convencendo o povo de Beotia de que a razão para suas safras terem dado errado era que os filhos ilegítimos do rei haviam deixado os deuses irados (na realidade, Ino havia envenenado todas as sementes para que elas não germinassem). Como um seguidor de Anaxágoras, que acreditava que as coisas não passavam a existir ou deixavam de existir, e que a própria mudança era meramente ilusória, Eurípides usa a retórica na citação para questionar a oposição tradicional da vida e da morte, e sugerir que os dois estados poderiam ser, em si, intercambiáveis. Em outras palavras, na medida em que não temos conhecimento da vida após a morte, ou o que veio antes de passarmos a existir, como podemos dizer se, na realidade, já não estamos mortos?

EM DEFESA DA BEBIDA?

Em comparação com escritores e filósofos anteriores, como Xenófanes, que pregava a moderação ou abstinência como uma base para a moralidade, Eurípides parece ter sido particularmente chegado a um trago ou dois. Em sua peça *Os Ciclopes*, que relata a história clássica da batalha de Odisseu com um monstro de um só olho, há várias reflexões sobre o álcool. Por exemplo: "Se um homem não se deleita em sua bebida, ele está louco; pois na bebida é possível [...] acariciar seios, afagar cachos bem cuidados, e, ademais, há a dança e o esquecimento dos infortúnios"; e, em contraste: "O vinho é um inimigo terrível, difícil de lutar contra ele". Odisseu, é claro, escapa do ciclope embebedando o monstro e então queimando seu olho, enquanto ele se encontra inebriado em sua caverna, tentando se recuperar do álcool consumido. Tudo isso tende a sugerir que, embora a bebida tenha seus perigos (particularmente se você é um monstro comedor de homens e com um olho só), ela também tem seus benefícios – embora a defesa das vantagens de, bêbado, agarrar mulheres seja uma justificativa de certa maneira duvidosa, para dizer o mínimo!

DAWKINS

"Estar morto não será diferente de não ter nascido – minha condição será exatamente a mesma que na época de William, o Conquistador, ou dos dinossauros ou trilobitas. Não há nada a temer nisso."

Richard Dawkins (1941 –)

RICHARD DAWKINS TORNOU-SE CONHECIDO no meio acadêmico em meados dos anos 1970, com seu livro um tanto populista *O Gene Egoísta*. A esse trabalho seguiram-se, durante os dez anos subsequentes, outros volumes eruditos, mas acessíveis, que explicavam em maiores detalhes a evolução darwiniana de vanguarda. Dawkins ganhou mais destaque ao ser indicado professor de Compreensão Pública da Ciência, na Universidade de Oxford, em 1995, mas ganhou notoriedade com seus ataques abertos posteriores à religião. Dawkins é um ateu de carteirinha e não deixa dúvidas, como demonstra essa citação. Apesar de sua reputação intransigente, em entrevistas, no entanto, ele se revela um sujeito educado, refinado e com um jeito comedido bastante inglês. Realmente, Dawkins reconhece a influência que sua criação cristã na igreja anglicana teve sobre seu comportamento (suas escolhas no programa *Desert Island Discs*, da Rádio 4, misturavam-se a músicas de igreja e corais).

Dawkins equipara o estado da morte com a não existência. Ele destaca que qualquer indivíduo vai existir por um período ínfimo de tempo. Um período máximo de, aproximadamente, cem anos completará uma vida, e depois disso, ele sustenta, a pessoa meramente retoma o modo normal. Cem anos é algo quase estatisticamente insignificante em comparação com o tempo de existência que o universo terá ou mesmo com o período da história humana. O universo existia antes e existirá depois. Isso não é perturbador, ele declara.

Mesmo para seus ardentes colegas ateus, essa aparente ausência de sentimentalismo em relação à vida e à morte representa Dawkins em seu momento menos edificante e mais controverso. Antes da vida de uma pessoa, de qualquer vida, não há sinal dessa pessoa; ela não existiu. Depois, e particularmente no momento em que o *antes* torna-se *depois* (isto é, o momento da morte), há o temor da morte. Embora não faça sentido temer o que você jamais conheceu, o temor de perder o que você conheceu e o que está sendo deixado para trás deve provocar, na maioria das pessoas, algum tipo de resposta emocional.

Além disso, a ausência de sentimentalismo de Dawkins exclui o efeito que uma vida pode ter sobre aqueles deixados para trás. Antes de uma vida ter acontecido, ela não pode ter gerado nenhum efeito. Depois, não apenas a pessoa pode deixar filhos, como também pode restar uma série de associações que não são anuladas pela retomada da não existência.

EPICURO

*"A morte não é nada para nós, já que,
quando somos, ela não chegou, e
quando chegou, não somos."*

Epicuro (341–270 a.C.)

DAWKINS NÃO FOI O PRIMEIRO a sugerir essa visão bastante racional e fria da morte. Epicuro expressou uma ambivalência lógica similar há mais de 2 mil anos. Ele fundou a escola do epicurismo, um ramo da filosofia não diferente do estoicismo, que enfatizava viver uma vida simples dentro da ordem natural e cercada pelos prazeres simples, se possível. Era um protoateu, no sentido de que dispensava o papel dos deuses, mesmo se eles existissem, sugerindo que, certamente, não diziam respeito ao homem. O paradoxo epicuriano foi parafraseado tanto por Dawkins quanto por Sam Harris, recentemente, para exemplificar o problema, para crentes religiosos, de como explicar o mal em um mundo contendo Deus.

O PARADOXO EPICURIANO

Deus está disposto a evitar o mal, mas não é capaz?
Então ele não é onipotente. Ele é capaz, mas não está disposto?
Então ele é maldoso.
Ele é capaz e está disposto?
Então de onde vem o mal?
Ele não é capaz nem está disposto?
Então por que chamá-lo Deus?

NABOKOV

*"A razão por que pensamos na morte
em termos celestiais é que o firmamento
visível especialmente à noite [...] é o
símbolo mais adequado e onipresente
daquela vasta explosão silenciosa."*

Vladimir Nabokov (1899–1977)

NABOKOV FOI UM ROMANCISTA, crítico, tradutor e lepidopterista (especialista científico em borboletas e mariposas) nascido na Rússia, mais conhecido por seus romances *Lolita* e *Fogo Pálido*. Nasceu em uma família aristocrática, os Nabokovs, que foram forçados a fugir da sua terra natal após a revolução de 1917 e se estabeleceram no norte da Europa. O pai de Nabokov, V. D. Nabokov, foi um proeminente estadista russo e político liberal, que foi assassinado por legalistas czaristas em Berlim em 1922. Após uma carreira bem-sucedida como escritor exilado, Nabokov fugiu da ocupação alemã da França em 1940 e mudou-se para os Estados Unidos, onde trabalhou como professor de literatura na Universidade Cornell. Sendo um poliglota, com um ouvido extraordinário para o som e o sentido das palavras em diferentes línguas, sua ficção madura contém múltiplos trocadilhos e jogos de palavras, misturados com ricas alusões culturais e literárias.

As crenças políticas, religiosas e filosóficas de Nabokov foram, apaixonadamente, debatidas por acadêmicos e comentaristas desde sua morte, em 1977. A dificuldade em decodificar a mensagem ou argumento moral, ético e espiritual nos trabalhos de Nabokov encontra-se na recusa furiosa do autor de ser categorizado, ou classificado, como seguindo uma escola de pensamento particular ou um programa político, ou social. Talvez em consequência das mortes de seu pai e irmão mais novo, Sergei, que morreu em um campo de concentração alemão na Segunda Guerra Mundial, Nabokov não se sentia à vontade para expressar publicamente suas afiliações e valores privados.

Mesmo assim, seus trabalhos estão cheios de alguns dos temas e questões centrais da investigação filosófica clássica, como o significado da vida e da morte, a natureza da percepção, dilemas éticos e a validade e confiabilidade das memórias e testemunhos. A citação acima é tirada do conto "Que em Alepo certa vez", escrito em 1943. O título é uma referência a uma fala em *Otelo*, Ato V, cena ii, de Shakespeare:

E digo mais, que em Alepo, certa vez,
Onde um turco maligno, de turbante,

Bateu num veneziano e difamou o estado,
Tomei pela garganta o cão circunciso,
E, assim, o golpeei.

A fala é tirada do clímax da peça, quando Otelo está lutando para chegar a um acordo com as consequências trágicas de ter sucumbido a seus ciúmes e assassinado sua esposa Desdêmona, e está tentando em vão recuperar alguma honra antes de se matar.

A história de Nabokov é escrita na forma de uma carta de um velho amigo para outro (a implicação sendo que o escritor da carta e seu destinatário não se viam havia vários anos). Ela também delineia um caso de amor e casamento destrutivos e desastrosos. Com seus artifícios costumeiros, e colocação discreta de detalhes aparentemente incidentais, Nabokov constrói um quadro contraditório, e em constante mudança, de uma relação infeliz. Imagens de morte aparecem ao longo da história, que é apresentada contra o pano de fundo da ocupação nazista da França. O "firmamento visível" é uma alusão à visão medieval do céu como um domo cobrindo a Terra e contendo os céus, mas, para o narrador severamente deprimido e contemplando o suicídio, ele representa a "explosão silenciosa" do nada e da cessação da existência.

Nabokov força o leitor a decidir quem ele acredita que está contando a verdade e ao lado de quem ele vai ficar. O narrador seria, realmente, a parte prejudicada, e sua esposa fujona, a mentirosa patológica confessa que ele alega ser? Ou será a sua carta uma tentativa de absolver a si mesmo da responsabilidade pelo tratamento brutal dado a sua esposa, por meio de seus próprios ciúmes e inadequações (como em

Otelo)? Em última análise, será que o destinatário da carta (chamado de "V" – uma assinatura que o próprio Nabokov usava em cartas e correspondências privadas) desobedeceu às instruções de seu amigo e transformou a carta em uma história com todos os adornos, falsidades e disfarces que a ficção pode permitir, ou simplesmente inventou a coisa toda sozinho?

Seria temerário atribuir a Nabokov a visão da morte desenhada pelo narrador da história, como sendo equivalente à imensidão vasta e sem fim do céu noturno. Muitas vezes, nos escritos de Nabokov, suas ideias verdadeiras são expressas, paradoxalmente, por meio de personagens e criações. Insone crônico, Nabokov alegava muitas vezes que odiava os sonhos e, particularmente, seu uso como recursos de interpretação para a vida desperta (ele suspeitava, particularmente, da psicanálise e costumava escrever piadas insultuosas a respeito de Sigmund Freud). Para Nabokov, os milagres da vida desperta e da percepção humana traziam em si muito mais mistérios interessantes e valiam mais a pena ser investigados intelectualmente. Embora a morte seja um tema fundamental em seus trabalhos, Nabokov parecia ter uma visão positiva e iluminada a respeito da vida após a morte, observando em sua autobiografia, *Fortes Opiniões*: "A vida é um grande nascer do sol. Não vejo por que a morte não deva ser um amanhecer ainda mais expressivo".

ÉSQUILO

Ó Morte Curandeira,
Imploro-te, não desdenhes de vir a mim;
Dos males sem cura és a única médica.
A dor não deita suas mãos
Sobre um cadáver.

Ésquilo (c. 525–456 a.C.)

ÉSQUILO, JUNTAMENTE COM EURÍPIDES E SÓFOCLES, foi um dos grandes escritores dramáticos da Grécia Antiga. Nascido em uma rica família ateniense, teve uma criação clássica na tradição grega, e acredita-se que tenha sido particularmente influenciado pela obra de Homero, que ele leu avidamente quando criança. Há muitas "biografias" conflitantes de Ésquilo e, na verdade, muitas alegações não consubstanciadas de sua "grandeza". Uma lenda cita que, enquanto trabalhava, em sua juventude, no vinhedo de seu pai, ele caiu no sono e foi visitado em um sonho por Dionísio, o deus grego do vinho e da produção de vinho (e, portanto, também o deus do êxtase, da embriaguez e da insanidade), que mandou que ele se tornasse um dramaturgo. No entanto, a maioria dos relatos concorda que Ésquilo teve uma carreira distinta como soldado, e lutou na batalha de Maratona. Curiosamente, sua lápide louvava suas façanhas militares, mas não fazia menção nenhuma a suas habilidades como dramaturgo.

Das mais de setenta peças de que se tem notícia que Ésquilo escreveu durante a sua vida, apenas sete sobreviveram intactas. Um participante regular nas grandes disputas dos festivais de teatro grego antigo, acredita-se que Ésquilo tenha conseguido mais de doze prêmios por suas produções. De acordo com a tradição, competições dramáticas consistiam de três dramaturgos apresentando produções agrupadas em uma trilogia de peças (tragédias), seguida pela apresentação de uma sátira (uma peça cômica semelhante a um teatro de revista, ou uma série de quadros). A conquista de medalhas por Ésquilo compara-se favoravelmente com a de seus contemporâneos Eurípides (cinco vitórias) e Sófocles (dezoito vitórias).

Aristóteles escreveu que a genialidade de Ésquilo está em seu desenvolvimento das convenções do teatro grego. Credita-se a Ésquilo a construção dos primeiros dramas com múltiplos personagens, mostrando, assim, as inter-relações e conflitos visíveis na apresentação dramática (até então, o teatro grego clássico consistia somente de um protagonista e um coro). A obra mais famosa de Ésquilo é *A Oresteia* – uma trilogia completa de peças relativas à vida e à família de Agamenon, o lendário rei de Argos e herói da guerra de Troia.

A citação "Ó Morte Curandeira, imploro-te, não desdenhes de vir a mim; dos males sem cura és a única médica..." é um dos muitos fragmentos sobreviventes em verso atribuídos a Ésquilo, e é fora do comum no sentido de que a maior parte de suas obras contém explorações da relação entre deuses e homens (e homens que acreditam que são deuses). No entanto, aqui há uma clara contemplação da inevitabilidade da morte, sem recurso a uma vida após ela, seja no céu ou no inferno, à medida que a morte é a única libertação dos "males sem cura" da vida e "a dor não deita suas mãos sobre um cadáver".

MORTO POR UMA TARTARUGA

Ésquilo, de acordo com a lenda, sofreu uma das mortes mais ignominiosas possíveis. Em 456 a.C., ele viajou para a cidade de Gela, na Sicília, com a intenção de levar sua vida em tranquila contemplação. Um homem grande, com uma cabeça calva como um domo, Ésquilo tinha o hábito de cochilar no sol da tarde, sentado ereto, como um Buda meditando. A história conta que ele foi morto quando uma águia, de passagem, largou uma tartaruga sobre sua cabeça. Acredita-se que a águia confundiu o dramaturgo imóvel com uma rocha, e estava tentando quebrar o casco da tartaruga.

SWIFT

*"É impossível que algo tão natural, tão
necessário e tão universal quanto a morte
tenha sido criado pela Providência, um dia,
como um mal para a humanidade."*

Jonathan Swift (1667–1745)

JONATHAN SWIFT, QUE NASCEU NA IRLANDA, no século
XVIII, foi um escritor satírico e clérigo, mais conhecido por
ser o autor de *As Viagens de Gulliver* (1726) e o ensaio "Uma
Proposta Modesta" (1729). Nascido em Dublin em 1667,
Swift era o filho único de Jonathan Swift e Abigail Erick
Swift, mas seu pai morreu subitamente antes de ele ter nascido. Sua mãe mudou-se para a Inglaterra, deixando Swift
sob os cuidados de seu tio Godwin Swift, que o matriculou
na prestigiosa Kilkenny Grammar School, antes que ele
completasse sua educação no Trinity College, em Dublin.
Swift havia planejado, inicialmente, continuar sua carreira

acadêmica no Trinity, mas sublevações políticas na Irlanda, devido à chamada Revolução Gloriosa, de 1688, e a ascensão de William de Orange e sua esposa Mary fizeram com que ele abandonasse seus estudos e fugisse para a Inglaterra. Por meio de seus contatos familiares, Swift conseguiu um emprego como secretário de *Sir* William Temple, um proeminente diplomata. Seu trabalho era ajudar na edição das memórias de Temple e outros papéis, e por meio do diplomata ele foi apresentado aos escalões mais altos da sociedade inglesa. Swift foi forçado a retornar à Irlanda várias vezes, devido a problemas de saúde (ele sofria da doença de Ménière, uma síndrome que causava acessos de vertigem e tontura), e, enquanto permanecia em sua terra natal, assumiu vários cargos menores dentro do clero da Igreja Anglicana da Irlanda, com pouco sucesso.

Swift voltou para a Inglaterra várias vezes, para continuar o trabalho com o seu mentor William Temple, e, após a morte deste, em 1699, embarcou em sua própria carreira política e literária. Embora celebrado por *As Viagens de Gulliver*, a fama e a notoriedade iniciais de Swift vieram como panfletário e jornalista prolífico e agressivo. Sua principal arma era ironizar – muitas vezes com um efeito chocante – a corrupção e a hipocrisia que ele via em primeira mão na sua lida com a elite política, satirizando a pomposidade, a injustiça e o falso conhecimento. No ensaio satírico "Uma Proposta Modesta", Swift, com uma lógica cuidadosamente estruturada, propõe uma solução para a superpopulação e a fome entre os pobres da Irlanda, sugerindo que as crianças deveriam ser criadas como reserva de alimentos para os ricos.

Não tendo conseguido ser designado para um cargo proeminente dentro da Igreja na Inglaterra, Swift retornou para a Irlanda para assumir a posição de decano da Catedral de São Patrício, em Dublin. Swift continuou sua carreira de escritor em paralelo com suas responsabilidades na igreja, tornando-se um apoiador radical das causas irlandesas e um defensor de campanhas anticorrupção. Embora Swift não tenha poupado filósofos (ou cientistas) de suas críticas devastadoras, seus inúmeros escritos sobre teologia e religião em geral têm uma tendência marcadamente filosófica em relação ao papel da religião na sociedade. Para ele, a religião, a moral e a política estavam todas interligadas, e ele deplorava segmentos no pensamento ou doutrina teológica que tentavam definir e limitar a ortodoxia. Swift acreditava que a verdade do cristianismo havia sido extraviada e corrompida pelas atitudes facciosas da humanidade, que, através da história, haviam causado a decadência geral da fé cristã. Como resultado, ele acreditava que o cristianismo havia perdido a sua clareza e sentido de virtude simples. Um exemplo do desagrado de Swift pode ser visto na citação: "É impossível que algo tão natural, tão necessário e tão universal quanto a morte, tenha sido criado pela Providência, um dia, como um mal para a humanidade"; isso porque Swift vê o temor da morte, e por extensão a vida após a morte, como contrários à vontade de Deus e, portanto, meramente superstições criadas pela mente do homem.

PARKER

"Desculpem minha poeira."

Dorothy Parker (1893–1967)

DOROTHY PARKER FOI UMA ESCRITORA norte-americana extremamente bem-sucedida como jornalista, poeta, roteirista e contista, embora seja mais conhecida por seu humor cáustico e frases de efeito. Nascida Dorothy Rothschild, em Long Branch, um balneário de Nova Jersey, de pais de ascendência escocesa e judeu-alemã. Parker teve seu primeiro poema publicado pela prestigiosa revista *Vanity Fair*, de Nova York, aos 20 anos.

Sua grande oportunidade surgiu como crítica de teatro substituta da *Vanity Fair*, quando o autor britânico P. G. Wodehouse entrou de licença. Seu estilo contundente e seu humor aguçado logo chamaram a atenção de seus colegas escritores na revista, Robert Benchley e Robert E. Sherwood, e os três tornaram-se bons amigos. Sua amizade com Benchley e Sherwood levou a encontros regulares para almoçar no

Hotel Algonquin, e à formação da lendária Mesa Redonda do Algonquin (o autodenominado "Círculo Vicioso") – um grupo indeterminado de escritores que escreviam regularmente, uns sobre os outros, em suas várias colunas impressas. Parker rapidamente desenvolveu uma reputação pela sagacidade de seu humor e o tom zombeteiro, irônico e autodepreciativo de seus poemas. Ela publicou diversas coletâneas de poemas e contos. No entanto, suas críticas eram muitas vezes deliberadamente insolentes, e, ao fim, ela perdeu o emprego na *Vanity Fair* em 1929.

Após a separação do "Círculo Vicioso" (mais por questões circunstanciais e necessidade econômica do que por qualquer briga maior), Parker seguiu Robert Benchley para Hollywood, atrás de sua ambição de tornar-se uma roteirista de cinema. Casou-se com o ator Alan Campbell, e os dois trabalharam como *freelancers* para uma série de estúdios de Hollywood, inicialmente conquistando algum sucesso (Parker foi indicada para um Oscar por sua participação no roteiro de *The Little Foxes** em 1941). No entanto, uma combinação das crises de depressão e alcoolismo de Parker, com a sexualidade ambígua de Campbell – Parker supostamente referiu-se ao seu marido, uma vez, em uma coluna de fofocas de Hollywood como sendo "alegre como um veadinho" – levou a uma tensão considerável em sua relação. Acredita-se que ela tenha tentado o suicídio em pelo menos três ocasiões durante sua vida.

De meados da década de 1920 em diante, Dorothy Parker desenvolveu um forte interesse pelos direitos huma-

---

* No Brasil, "Pérfida". (N. T.)

nos e pelo movimento dos direitos civis em particular, dando seu apoio, regularmente, a manifestações e demonstrações. Foi, também, responsável por ajudar a fundar um grupo de pressão antinazista em Hollywood, no fim dos anos de 1930 (uma organização que, sem seu conhecimento, havia sido infiltrada por espiões soviéticos). Tristemente, suas atividades políticas e associações foram consideradas suficientes para que Parker fosse colocada na infame "lista negra" de Hollywood, de simpatizantes comunistas suspeitos, e isso levou ao fim da sua carreira como roteirista.

Após a morte de seu marido, por overdose de pílulas, Dorothy Parker voltou a Nova York e continuou a escrever, embora esporadicamente, devido a sua dependência de álcool. Também participava, ocasionalmente, de programas de debate no rádio. Em várias entrevistas próximas do fim de sua vida, Parker muitas vezes desfazia a lenda que cercava o "Círculo Vicioso", retratando seus membros como sendo, em grande parte, carreiristas convencidos e presunçosos, de talento limitado.

Ao morrer de infarto em Nova York, em 1967, Dorothy Parker deixou toda sua herança para a Fundação Dr. Martin Luther King, a qual, mais tarde, foi passada adiante para a Associação Nacional para o Progresso de Pessoas de Cor (National Association for the Advancement of Colored People – NAACP), um importante grupo de pressão de direitos civis e caridade nos EUA.

Devido, em parte, a uma longa e um tanto amarga disputa legal a respeito dos termos do testamento de Parker, e, em parte, porque ninguém apareceu para reivindicá-las, as cinzas de Dorothy Parker permaneceram no arquivo do escritório de seu advogado por quase vinte anos. Em 1988, a NAACP construiu um jardim memorial para Dorothy Parker do lado de fora da sua sede, em Baltimore, e finalmente encontrou um local de descanso para ela. A inscrição na placa onde os seus restos mortais foram enterrados contém, de maneira bastante apropriada, a sugestão de Parker para seu próprio epitáfio: "Desculpem minha poeira".

IMORTAL

Embora muitas vezes repetitiva em termos do tema abordado, a poesia de Parker, mesmo assim, permaneceu popular. Por meio de seus poemas, ela muitas vezes ponderou a respeito do significado e da fragilidade da vida e da morte, de uma maneira irônica e excêntrica. Em "Rima Contra a Vida", Parker considerou o apelo ocasional do suicídio, o que, considerando-se suas várias tentativas fracassadas de tirar a própria vida, durante períodos sombrios de alcoolismo e depressão, quase pode ser lido como uma idealização da prática como a última saída que uma pessoa tem para controlar o seu próprio destino. De maneira interessante, no entanto, seu trabalho conquistou uma imortalidade que superou a morte: *"Portable"*, a série de antologias de escritores famosos da Viking Press, originalmente produzida para soldados norte-americanos na Segunda Guerra Mundial, tem apenas três edições que nunca deixaram de ser lançadas – a coleção de obras de Shakespeare, a Bíblia do Rei Tiago e *The Portable Dorothy Parker*.

BRECHT

*"Não tema tanto a morte,
e sim a vida inadequada."*

Bertolt Brecht (1898–1956)

BERTOLT BRECHT É AMPLAMENTE CONSIDERADO um dos dramaturgos mais influentes do século XX. Um escritor prolífico e profissional do teatro, Brecht é mais conhecido por sua abordagem experimental na encenação de seus espetáculos, principalmente em sua adesão às formas e convenções do "teatro épico". O teatro épico (ou "teatro dialético", como Brecht preferia chamá-lo) é uma forma dramática que evita o naturalismo ou o realismo. A ação dramática apresentada no palco é interrompida intencionalmente, em determinados intervalos, por intervenções súbitas de música, dança, mímica, o uso de coros gregos clássicos para narrar a ação e até, ocasionalmente, o uso de fantoches, acrobatas e palhaços de circo.

Essa abordagem vanguardista para a escrita e apresentação de peças de teatro não era, apesar das aparências, uma forma aleatória de "antiarte", prevalente nos movimentos europeus como o surrealismo e o futurismo, que estavam na moda nos anos de 1920 e 1930. Em vez disso, ela era corroborada por uma rigorosa doutrina ideológica e política. Brecht era um dedicado marxista, que queria realizar uma mudança na sociedade atacando o que acreditava serem os perigos dos valores burgueses inerentes às sociedades capitalistas, e promovendo as virtudes da revolução das classes trabalhadoras.

Brecht adotou o termo *Verfremdungseffekt*, "o efeito de desfamiliarização", para descrever seus métodos teatrais. Sua abordagem radical para o teatro tinha a intenção de alienar suas plateias, despindo-as dos confortos de seus valores e expectativas burguesas e, indo contra o escapismo higienizado padrão das convenções teatrais, chocá-las para agirem. Brecht acreditava que apenas criando uma distância entre a plateia e a ação descrita em cena, a mensagem e o significado por trás dos seus textos poderiam ser completamente avaliados, absorvidos e compreendidos.

"Não tema tanto a morte, e sim a vida inadequada" é tirado da peça de Brecht *A Mãe*. Escrita e encenada pela primeira vez em Berlim, em 1932, *A Mãe* é uma adaptação livre para o palco do romance de mesmo título, de 1906, do escritor socialista russo máximo Gorky. A trama gira em torno da mãe de um operário e ativista político, e sua jornada através de uma vida dura e de infortúnios até a "iluminação" da prática revolucionária. Em um primeiro momento, a heroína epônima é descrita como uma mulher oprimida, com pouca instrução (ela não sabe ler) e subserviente. Gradualmente, à medida que começa a aprender com o filho e seu grupo de camaradas radicais, a mãe decide assumir um papel ativo na luta deles e rejeita seus temores e ansiedades. Seu filho é, finalmente, preso após um protesto dos trabalhadores, julgado e exilado para a Sibéria, onde a implicação é a de que ele, provavelmente, morrerá. A mãe, no entanto, é galvanizada pela dor e jura continuar a luta, pois a morte é preferível a viver sob essa opressão e aceitar tais condições de existência seria viver "a vida inadequada".

A Mãe fez parte de uma série de peças e produções em que Brecht esteve envolvido durante os anos turbulentos da República de Weimar (1919–1933). As *Lehrstücke* (ou "peças de aprendizado") foram sua resposta à agitação política na Alemanha à época, assim como às sombras pesadas lançadas pela chegada ao poder de Hitler e o nazismo. A primeira apresentação de *A Mãe* foi interrompida por capangas nazistas, que jogaram vegetais podres nos atores e vaiaram e gritaram *slogans* nazistas durante a apresentação, quase provocando um tumulto. Temendo, legitimamente, mais perseguições, Brecht fugiu da Alemanha para a Escandinávia e então, com a deflagração da Segunda Guerra Mundial, para os Estados Unidos, onde teve um sucesso limitado, escrevendo roteiros para o cinema. Ironicamente, dado o seu *status* como dissidente político e refugiado, Brecht foi colocado em uma lista negra por suas tendências comunistas e, finalmente, retornou a Berlim Oriental, onde morreu em 1956.

O *BHAGAVAD GITA*

"Pois certa é a morte para
aqueles que nasceram
E certo é o nascimento para
os que morreram;
Portanto, a respeito do inevitável
Não deves lamentar."

Bhagavad Gita Capítulo 2

O BHAGAVAD GITA É UMA ESCRITURA de setecentos versos, que está contida dentro do poema épico sânscrito clássico *Mahabharata*, que constitui uma das fundações da espiritualidade hindu. A data da composição do *Gita* é desconhecida, mas estima-se que ele tenha sido escrito, aproximadamente, entre os séculos IV e II antes de Cristo, embora versões anteriores, não revisadas, talvez também tenham existido.

O *Bhagavad Gita* é ambientado na véspera da grande batalha pelo trono de Hastinapur (na região norte da Índia atual), entre duas tribos rivais, os kaurava e os pandava. Os kaurava haviam tomado o controle do reino, mas não eram os herdeiros legítimos, embora ambas as tribos fossem ramos da mesma família. O príncipe Arjuna, do clã dos pandava, chega com um exército composto por diferentes tribos hindus, simpáticas à causa pandava, e os dois exércitos se enfrentam no campo de batalha de Kurukshetra. Um pouco antes do início da guerra, dúvidas começam a insinuar-se na mente do príncipe Arjuna quanto à sabedoria de promover uma guerra sangrenta contra sua própria família e amigos; então ele volta-se para o seu fiel condutor de carros de guerra, Krishna (e que, de maneira bastante conveniente, vem a ser deus disfarçado), em busca de conselhos.

O *Gita* relata a conversa entre Arjuna e Krishna. Para Arjuna, matar é um pecado e matar seus próprios irmãos é o maior pecado de todos. Krishna então explica, por meio de uma série de conceitos filosóficos e espirituais, as razões por que é dever de Arjuna lutar por seu reino. O argumento de Krishna baseia-se no conceito de karma, dentro do "ciclo samsárico" de nascimento, morte e renascimento. Krishna explica que a alma não morre quando o corpo morre, e renasce sempre de novo. Uma pessoa egoísta ou ímpia está condenada a permanecer dentro do ciclo para todo o sempre e a única maneira de alcançar a dissolução da alma, liberdade e iluminação é realizar ações altruisticamente e a serviço de Deus. Karma é uma lei básica de causa e efeito, estabelecendo que qualquer ação que uma pessoa realize, seja boa ou ruim, no final terá um impacto sobre sua alma e causará sofrimento quando ela renascer. Atos ruins, por natureza, resultam em karma ruim, e a alma pode acumular dívidas consideráveis de karma através do ciclo de morte e renascimento, que precisam ser pagas por atos bons (devotos) ou altruístas. Krishna argumenta que é dever de Arjuna, como guerreiro, lutar pelo que é legitimamente seu: cada pessoa deve agir de acordo com sua verdadeira natureza, pois a verdade é o caminho para a integridade. Na medida em que o corpo é efêmero ("pois certa é a morte para aqueles que nasceram") e a alma é eterna ("e certo é o nascimento para os que morreram"), Arjuna não deve "lamentar" pelas pessoas que morrerão no campo de batalha, pois elas renascerão sempre de novo, até atingir a iluminação.

Na superfície, o argumento de Krishna parece uma justificativa bastante inconsistente, que evita qualquer questionamento do imperativo moral sobre o certo e o errado em matar e na guerra. No entanto, a maioria dos comentaristas toma o cenário do campo de batalha no *Bhagavad Gita* como sendo alegórico em vez de literal, e o relacionam à batalha do indivíduo em sua escolha entre o certo e o errado, o bem e o mal, e a luta pela liberdade espiritual.

O LIVRO FAVORITO DE GANDHI

Mahatma Gandhi, líder do movimento de independência hindu, admirava muito o *Bhagavad Gita*. Ele referia-se a ele como seu "dicionário moral" e levava um exemplar para onde ia. Enquanto estava na prisão, nos anos de 1920, Gandhi escreveu um comentário detalhado sobre o *Gita*, declarando no prefácio: "Eu encontro consolo no *Bhagavad Gita*... Quando a decepção me encara de frente e, completamente sozinho, não vejo um raio de luz, volto ao *Bhagavad Gita*, encontro um verso aqui e outro ali, e imediatamente começo a sorrir em meio a tragédias esmagadoras."

SOBRE AS PESSOAS E A SOCIEDADE

"*Uma nova sociedade não pode ser criada reproduzindo o passado repugnante, por mais refinado ou sedutoramente reembalado ele seja.*"

Nelson Mandela (1918-2013)

A PALAVRA "SOCIEDADE" PARECE nunca estar distante dos lábios de políticos e teóricos políticos. Recentemente, as noções de Grande Sociedade e Sociedade Partida dominaram os panoramas políticos e da mídia. Margaret Thatcher, notoriamente, afirmou que não havia algo chamado "sociedade", enquanto o imperador romano Marco Aurélio fez um apelo pelo amor e a solidariedade em suas *Meditações*. Darwin, por outro lado, perguntou se a pobreza é realmente um subproduto da seleção natural ("sobrevivência do mais apto") ou se existem estruturas e instituições na sociedade que causam a pobreza e o sofrimento. Rousseau, Nietzsche e Camus, todos tinham uma visão bastante sombria da sociedade e seus males, embora Rousseau, pelo menos, debatesse ideias sobre como a sociedade poderia melhorar. Susan Sontag estava mais preocupada em tomar medidas pelo bem de todos e a lutar contra a injustiça.

A citação de Nelson Mandela é tirada do seu discurso de Prêmio Nobel da Paz e diz respeito ao estabelecimento da Comissão de Verdade e Reconciliação na África do Sul pós-Apartheid. Foi lá que, na teoria pelo menos, as injustiças do passado puderam ser apagadas, ao se reconciliarem os perpetradores das atrocidades com suas vítimas. É discutível quão efetivo o processo tenha realmente sido, mas, mesmo assim, ele representou uma ideia radical e esclarecida. Afinal de contas, como sugeria Mandela, uma sociedade que não aceita e deixa o passado para trás, não importa quais horrores ele contivesse, é provável que repita os mesmos erros.

THATCHER

"Não existe algo chamado sociedade.
Existem homens e mulheres individuais,
e existem famílias."

Margaret Thatcher (1925–2013)

POUCOS LÍDERES POLÍTICOS NA HISTÓRIA BRITÂNICA
moderna dividiram a opinião pública tão marcadamente
quanto a ex-primeira ministra Margaret Thatcher. Tão re-
verenciada quanto malquista, Thatcher é mais lembrada
por seu papel no conflito militar com a Argentina sobre as
ilhas Malvinas (ilhas Falkand, para os britânicos) em 1982,
e sua adesão a uma forma de economia de livre mercado que
é muitas vezes referida como "thatcherismo".

A famosa afirmação de Thatcher, de que não existe algo
chamado "sociedade", é muitas vezes tomada, pelo menos
por seus detratores políticos, como uma declaração clara do
egoísmo no cerne do capitalismo de livre mercado, assim

como a rejeição de ideias de comunidade e bem-estar coletivo em favor do individualismo e da ganância. A citação é muitas vezes usada fora de contexto e atribuída a uma gama de situações diferentes. Presume-se que ela fez parte de um discurso na conferência do Partido Conservador, ou em um comício político, quando na realidade as origens da citação são realmente muito mais mundanas.

A revista semanal *Woman's Own* publicou uma extensa entrevista com Thatcher em outubro de 1987. Três meses antes, o governo conservador liderado por Thatcher havia sido reeleito para um terceiro mandato, a primeira vez em 150 anos que um líder de um partido político havia vencido três eleições gerais em sequência. Contando com uma maioria considerável na Câmara dos Comuns, o governo, naturalmente, interpretou que sua vitória esmagadora era um endosso, por parte do público britânico, de um programa planejado de reformas econômicas e sociais, mais notavelmente a venda de empresas de serviços públicos do Estado para companhias privadas.

No cerne do thatcherismo havia a crença de que o desenvolvimento da economia mundial havia tornado insustentável o apoio a indústrias geridas pelo governo. Ao abrir a gestão das empresas de serviços públicos para o livre mercado, por meio da propriedade privada, limitando a atuação do movimento trabalhista e controlando de perto a inflação, os indivíduos poderiam gozar os frutos de seu trabalho mediante uma tributação reduzida e benefícios materiais, e, por conseguinte, ter acesso à mobilidade social. Na entrevista para a *Woman's Own*, Thatcher delineou sua visão de que a mobilidade social era reprimida por uma dependência excessiva das pessoas em relação às instituições do Estado e uma cultura de direitos: "Acho que passamos por um período em que gente demais passou a achar que, se a pessoa tem um problema, é obrigação do governo lidar com ele. 'Eu tenho um problema, vou ganhar uma bolsa'. 'Não tenho onde morar, o governo precisa encontrar um lugar para mim'. As pessoas estão jogando os seus problemas para a sociedade... Elas estão com direitos demais na cabeça, sem as obrigações. Não existe um direito a algo, a não ser que a pessoa tenha atendido primeiro a uma obrigação".

Defensores da indubitável preferência de Thatcher pelos direitos dos indivíduos, acima e além das necessidades das comunidades como um todo, alegam que sua famosa citação é interpretada equivocadamente e que, na realidade, ela foi um chamado para os indivíduos assumirem a responsabilidade por suas próprias vidas e não contarem com o Estado para atender a cada necessidade sua. Realmente, mais adiante na entrevista, Thatcher declarou: "É o nosso dever cuidar de nós mesmos e então, também, cuidar do nosso vizinho".

Em termos filosóficos, o thatcherismo tem ecos do liberalismo clássico do século XIX e ideias desenvolvidas por comentaristas sociais do século XVIII, como Adam Smith e Edmund Burke. Adam Smith era um favorito em particular de Margaret Thatcher, que admirava os argumentos de seu livro *A Riqueza das Nações* (1776), onde delineou um modelo para a prosperidade econômica baseado no interesse próprio racional e na competição do livre mercado. Thatcher disse, certa vez, que carregava um exemplar do livro em sua famosa bolsa, sem a qual ela raramente era vista em público.

"A SOCIEDADE NÃO PENSA..."

Uma inspiração possível para a famosa afirmação de Thatcher de que "não existe algo chamado sociedade" foi apresentada por Tim Knox, diretor do Centro para Estudos Políticos (Centre for Policy Studies – CPS). O CPS é uma usina de ideias políticas de direita, criada em 1974 por Margaret Thatcher, Alfred Sherman e *Sir* Keith Joseph para apoiar políticas econômicas de livre mercado do Partido Conservador. O pai de Tim Knox, Oliver Knox, exerceu o cargo de Diretor de Publicações durante os anos de 1980, e parte do seu trabalho era revisar discursos para publicação. Uma coisa que incomodava Oliver Knox era o uso de sofismas patéticos, ou a designação de pensamentos e sentimentos a objetos ou coisas. Enquanto corrigia um ensaio político, um dia, Knox se deparou com uma declaração começando com as palavras "a sociedade pensa...", e riscou-a, acrescentando irritadamente a nota na margem: "A sociedade não pensa, não existe algo chamado sociedade". Quando perguntado a respeito do comentário por um colega, David Willets, Knox explicou, cansado, que a "sociedade" era um conceito abstrato, não uma coisa capaz de pensamento individual ou coletivo.

Alguns dias mais tarde, Willets compareceu a um seminário político na residência oficial, na Downing Street, nº 10, presidido por Margaret Thatcher. Quando um dos membros do seminário cometeu o mesmo erro, afirmando "a sociedade pensa...", Willets corrigiu-o em termos idênticos a Knox. Willets diz que Thatcher pediu-lhe para repetir o que havia dito e tomou nota para, quem sabe, usar a observação futuramente.

EINSTEIN

"[Deus] não joga dados..."

Albert Einstein (1879–1955)

ALBERT EINSTEIN DISSE isso pela primeira vez ao dirigir-se a seu amigo, Max Born, a respeito de uma questão de mecânica quântica nos anos de 1920. Na realidade, não é uma manifestação religiosa em sua natureza, apenas uma expressão de discordância sobre o conceito de divergência matemática. Einstein acreditava, realmente, que o universo poderia ser completamente previsível por meio das leis da física, enquanto novas ideias de mecânica quântica estavam sugerindo que algumas áreas de previsão poderiam não passar de mero acaso. O uso do termo "Deus" é apenas uma ilustração alegórica da crença de Einstein em uma lei imutável e constante, e não uma referência a nenhum ser real.

Einstein trabalharia, mais tarde, em torno da ideia da mecânica quântica e passaria o restante de sua vida em uma busca malsucedida por uma grande teoria unificadora que juntasse o mundo macro da relatividade com o micromundo da física quântica.

Comentaristas religiosos apossaram-se da citação durante anos, para reivindicar que Einstein era um crente, ou pelo menos um não ateu. Na realidade, a verdade a respeito das crenças religiosas de Einstein não é direta; assim como muitos cientistas, ele não lidava com verdades absolutas, mas com probabilidades, de maneira que não negaria, inequivocamente, a existência de Deus.

A principal contribuição de Einstein à física foi a formulação das teorias da relatividade geral e especial. Elas foram encapsuladas naquela que é, muito provavelmente, a equação mais famosa da história, $E=mc^2$.

O nome de Einstein tornou-se sinônimo de gênio, assim como seu jeito, com o cabelo desgrenhado e despenteado. Não era apenas o fato de as teorias que ele postulava serem complicadas, perturbadoras e contraintuitivas, mas também que ele havia chegado a elas, aparentemente, sem muita, talvez nenhuma, prova – assim, aparentemente por meio apenas do pensamento consequencial. Era o perfeito salto no escuro, a faísca que separa o gênio do mero brilho.

Também faz parte do folclore em torno de Einstein que ele fez essas descobertas *durante seu tempo livre*, enquanto trabalhava num escritório de patentes em Berna. Embora isso seja sem dúvida verdadeiro, muitas vezes as pessoas deixam de atentar para o fato de que grande parte de seu trabalho nesse departamento era especializado, lidando com patentes para equipamentos eletromagnéticos. Isso envolvia lidar com questões a respeito da transmissão de sinais eletromagnéticos e a sincronização eletromecânica do tempo:

dois problemas técnicos que foram cruciais para os experimentos de pensamento radical que ele desenvolveu no processo de elaboração de suas teorias.

Suas ideias foram confirmadas pela expedição de *Sir* Arthur Eddington à Ilha do Príncipe, para observar o eclipse solar de 1919. Suas teorias revolucionárias foram, subsequentemente, anunciadas no *The Times*, tornando Einstein famoso mundialmente. Ele recebeu o Prêmio Nobel de física em 1921.

Em 1933, bem depois de seus anos intelectualmente mais produtivos, ele estava dando palestras nos Estados Unidos quando os nazistas ascenderam ao poder. Nunca mais voltou à Alemanha depois disso.

Em 1939, alguns meses antes de começar a Segunda Guerra Mundial, Einstein foi convencido a emprestar seu prestígio ao aviso inicialmente feito por um grupo de físicos húngaros a respeito das possibilidades de armas nucleares. É geralmente aceito que foi isso – ironicamente – que abriu o caminho para o início do Projeto Manhattan, que levou à criação das primeiras bombas nucleares.

O CURIOSO DESTINO DO CÉREBRO DE EINSTEIN

Houve alguma especulação quanto ao destino do cérebro de Einstein. Ele foi removido após sua morte, mas existe a controvérsia sobre se isso foi feito com ou sem seu consentimento, ou se algumas autópsias realizadas depois talvez não tenham passado de argumentações especulativas baseadas no exame de fotografias. Esses resultados sugerem alguma expansão nas áreas que lidam com números e raciocínio, assim como apresentam sinais de que deformidades ou áreas que estão faltando permitiam que os neurônios se comunicassem melhor. O cérebro de Einstein está agora, em grande parte, sob os cuidados do Museu Mutter, na Filadélfia, mas dois dos aproximadamente 240 pedaços em que ele foi dividido estão, hoje, emprestados ao Museu Britânico.

O QI de Einstein foi estimado entre 160 e 180 – muito alto, mas abaixo do QI de *Sir* Isaac Newton, cujas teorias relativas à nossa compreensão do universo ele expandiu e, em última análise, suplantou.

MARCO AURÉLIO

"Aceite aquelas coisas às quais o destino
o ligar, e ame as pessoas que o destino lhe
mandar, mas faça isso sinceramente."

Marco Aurélio (121–180 d.C.)

ESSA CITAÇÃO FOI (MAL) APROPRIADA pelas indústrias de autoajuda e de cartões festivos, e é muitas vezes apresentada como uma trivialidade vaga, em casamentos e funerais. A verdade do que Marco Aurélio quis dizer, no entanto, pode ser mais prática e intencional do que parece inicialmente, quando vista no contexto de sua filosofia geral.

Considerado o último dos "Cinco Bons Imperadores", uma expressão cunhada por Maquiavel (ver p. 47), Marco Aurélio nasceu em 26 de abril de 121 d.C. Ele e Lucius Verus foram coimperadores de Roma, de 161 até a morte deste, em 169, sendo que Marco Aurélio continuou a governar até a sua própria morte, em 17 de março de 180, no que é hoje em dia a cidade de Viena, durante uma campanha contra as tribos germânicas. Marco Aurélio era conhecido como sendo um governante bondoso, apaixonado e leal, e que colocava sua dedicação ao Império Romano acima de tudo. Seu sentido de dever e boa vontade era, presumivelmente, uma consequência do seu estoicismo (ver p. 107). Ele foi um ávido seguidor da escola estoica e estava comprometido em colocar sua crença em prática, vivendo sua vida baseado na compreensão e interpretação da filosofia. Marco Aurélio é lembrado não somente por ser um imperador de Roma bem-sucedido, mas também por suas *Meditações*: escritos em grego que encontram sua fundamentação no estoicismo.

Os estoicos acreditavam que havia leis naturais às quais o homem era sujeito, e que uma vida moral era aquela vivida dentro dessas leis e com plena aceitação delas. Esperava-se que as pessoas enfrentassem as vicissitudes da vida com autodomínio e um certo grau de distanciamento emocional. Desse modo, a ênfase moderna no "amor", na citação de Marco Aurélio, é equivocada, pois o que ele realmente defendia é que as pessoas aceitassem seu destino.

O estoicismo nasceu em uma época difícil e embora possa ser interpretado como um modelo para grande parte da literatura heroica moderna, é particularmente reconhecível no estereótipo do inglês empertigado, estudante de escola pública/oficial da Primeira Guerra Mundial.

Marco Aurélio talvez, também, tenha sido mais presciente a respeito das inclinações naturais dos seres humanos do que as pessoas tenham percebido em um primeiro momento. Suas meditações, muito provavelmente, tinham a intenção de ser antirromânticas e, talvez, um pouco cínicas, e na realidade a psicologia social moderna corroborou grande parte do que ele disse, como ilustrado pelo fenômeno da "propinquidade". Trata-se da observação, confirmada hoje em dia, de que as pessoas que trabalham próximas umas das outras (como no local de trabalho) têm mais chance de se ver, inadvertidamente, atraídas umas pelas outras e aprofundar suas relações. Em outras palavras, quanto mais tempo você estiver exposto a uma determinada pessoa, maior a probabilidade de que ocorra uma atração mútua.

Trata-se de uma explicação bastante prosaica do amor, que vai contra as noções românticas usuais, que creditam a emoção à providência, oração ou a um acontecimento feliz e inesperado. É possível que o seu príncipe apareça algum dia desses, mas é provável que ele seja passageiro. Melhor o rapaz de frente para a sua mesa no escritório.

O sucesso nas relações, portanto, não tem a ver com evitar que você se sinta arrebatado, e sim sobre ter relações práticas e viáveis e investir nelas, para que sejam sustentáveis. Marco Aurélio sabia disso e é *isso* que a citação quer transmitir. Imperador, soldado, estoico e talvez o primeiro conselheiro amoroso do mundo: Marco Aurélio.

MARCO AURÉLIO: PATRONO DOS GLADIADORES?

A vida de Marco Aurélio foi usada como um modelo livre para o personagem com seu nome, interpretado por Richard Harris no filme *Gladiador*. No entanto, não há registro histórico sobre um general Maximus (personagem de Russell Crowe). A história registra que Marco Aurélio nomeou seu filho Commodus como seu sucessor, após sua morte, em vez de Maximus, como na versão do filme. No entanto, alguns historiadores suspeitam que talvez seja verdade que Commodus contribuiu para a morte do pai. Commodus não morreu na arena, no entanto; ele foi morto por um lutador. E, após a morte de Commodus, Roma não voltou a ser uma república como sugerido no filme.

Quanto ao personagem de Crowe, o general Maximus Decimus Meridius, é fictício, embora houvesse um general chamado Avidius Cassius, que lutou na campanha descrita no filme e que, ao ficar sabendo da morte de Marco Aurélio, declarou-se imperador de Roma. No entanto, seus próprios soldados o assassinaram. Mais tarde, na história romana, houve um general chamado Maximus, que parece ter defendido ideias revolucionárias.

Commodus realmente tinha uma irmã chamada Lucilla, que o odiava, como descrito no filme. Lucilla foi casada com o coimperador, Lucius Verus. Ela conspirou para ver Commodus assassinado, mas ele exilou-a por sua participação na trama e mais tarde executou-a. Assim, diferentemente da história contada no filme, Commodus na realidade sobreviveu a sua irmã. Foi com outra irmã, não Lucilla, que havia rumores de que ele se relacionava sexualmente.

Por fim, na tatuagem no braço de Maximus lê-se "SPQR". As letras dizem respeito a uma expressão em latim muitas vezes usada, "Senatus Populusque Romanus", que significa "o Senado e o Povo de Roma". No entanto, é altamente improvável que um general romano tivesse uma tatuagem dessas, já que as tatuagens eram usadas apenas por estrangeiros e cidadãos de classes mais baixas.

DARWIN

*"Se a miséria dos pobres for
causada não pelas leis da natureza,
mas por nossas próprias instituições,
grande é o nosso pecado."*

Charles Darwin (1809–1882)

ESTE COMENTÁRIO NÃO FAZ PARTE de uma diatribe sobre a situação dos pobres em si, mas aparece como um aparte enquanto Darwin medita sobre a condição dos escravos no último capítulo de *A Viagem do Beagle,* chegando em casa após sua viagem de cinco anos. Defensores da escravidão à época há muito sugeriam que os escravos não estavam em pior situação que os pobres na sociedade, e deixavam implícito que, na realidade, sob determinados aspectos, eles estavam em melhor situação, na medida em que tinham a proteção de um proprietário bondoso que agiria, por interesse próprio, em sua proteção. Isso os pobres não tinham.

Darwin sugere, causticamente, aqui, que os pobres talvez não sejam pobres devido somente a suas próprias deficiências, mas porque existem estruturas na sociedade que promovem a desigualdade e que isso, assim como a escravidão, não é natural. É um reflexo, talvez, de sua crescente consciência social.

A Viagem do Beagle é um diário pessoal e de viagem escrito em uma prosa vitoriana precisa, que reflete o desenvolvimento de Darwin como um naturalista e seu olho perspicaz para a observação. Apesar de muitos dos temas que ele desenvolveria mais tarde estarem presentes no livro, ele não está à altura da sua obra seminal, *A Origem das Espécies*, que revolucionou o pensamento científico muitos anos mais tarde. O livro teve, no entanto, uma grande acolhida à época.

A crença popular sugere que Darwin lutou por muitos anos com o que ele acreditava seriam as consequências da sua teoria de seleção natural, e que apenas foi forçado a publicar quando se viu diante da ameaça de ser usurpado por seu admirador Alfred Russell Wallace. Embora isso seja verdade até certo ponto, não é correto supor que a teoria evolucionária tenha sido o salto no escuro que Einstein daria mais tarde com suas teorias. Há muitos indícios do pensamento protodarwinista entre os "naturalistas" contemporâneos (como os cientistas gostavam de ser chamados à época), incluindo seu próprio avô, Erasmus Darwin.

Mesmo assim, fora Einstein, Darwin não tem quem se equipare a ele em termos de sua influência científica, seu impacto, embora possa ter sido maior devido às implicações que seu trabalho teve sobre a teoria evolucionária.

A Origem das Espécies e a Seleção Natural foi publicado em 1859. Essa obra, que marcou uma era, recebida em toda a Europa com muito interesse, foi mesmo assim atacada violentamente em muitos segmentos, pois não correspondia ao relato da criação do homem expresso no Livro de Gênesis. Finalmente, no entanto, ele conseguiu obter o reconhecimento de quase todos os biólogos. Darwin continuou sua luta com *A Descendência do Homem*, mas suas obras posteriores foram menos dramáticas em seu alcance – tendo sido *A Formação do Fungo Vegetal pela Ação dos Vermes* (1881) sua última obra.

LAO-TZU

"Um líder é melhor
Quando as pessoas mal sabem que ele existe.
De um bom líder, que fala pouco,
Quando seu trabalho estiver feito,
sua meta alcançada, eles dirão:
'Fomos nós que fizemos.'"

Lao-Tzu (c. 604–531 a.C.)

LAO-TZU FOI O LENDÁRIO FILÓSOFO CHINÊS cuja obra formou a base para uma escola de pensamento conhecida como "taoismo". O taoismo teve uma influência fundamental na filosofia, no misticismo e na religião na Ásia, com um número estimado de 20 milhões de seguidores do caminho taoista no mundo hoje em dia. O único trabalho escrito conhecido de Lao-Tzu é um livro de breves aforismos e pensamentos, conhecido como O *Livro do Caminho e da Virtude,* ou *Tao Te Ching* (que tem múltiplas traduções diferentes, mas na essência significa "o caminho da virtude e o caminho da natureza"). No *Tao Te Ching*, Lao-Tzu defrontou-se com os grandes temas relativos à natureza do universo, nosso lugar dentro dele e a natureza do bem e do mal. Na essência, a visão de Lao-Tzu é que a melhor maneira de viver é submeter-se à ordem da natureza, uma força coexistente tanto dentro quanto além do indivíduo e da sociedade. A ordem, ou poder da natureza, está contida no conceito do Tao, uma unidade pré-existente, vital e indefinível, que dá vida a tudo e a todos, e no entanto não determina o destino ou consequência; resumindo, tudo o que "é". Para viver uma vida feliz e plena, a pessoa deve buscar estar "em unidade" com o Tao. O *Te* é a força e a virtude do Tao e está presente na natureza de tudo no universo. Para adquirir o equilíbrio entre o nosso Te e o Tao, devemos cultivar três virtudes simples: simplicidade (*wu*), vazio (*p'u*) e não ação (*wu-wei*). Acredita-se que o vazio equivalha à ausência de interesse próprio ou pensamentos egoístas, de maneira a fomentar um sentimento de empatia por todas as coisas. De acordo com o *Tao Te Ching*, Lao-Tzu resumiu seus ensinamentos da seguinte maneira: "Eu tenho apenas três coisas para ensinar: simplicidade, paciência, compaixão. Essas três são os seus maiores tesouros".

Detalhes da vida de Lao-Tzu (assim como a sua filosofia) são de certa maneira vagos, levando vários acadêmicos modernos a sugerir que ele talvez nunca tenha existido e que o *Tao Te Ching* tenha sido escrito por várias mãos através dos séculos. A versão mais antiga dele (escrita em rolos de pergaminhos de bambu) é de dois séculos após o desaparecimento apócrifo de Lao-Tzu (ver abaixo). Nos *Shih Chi* (Registros Históricos), escritos por Ssu-Ma Ch'ien no século I antes de Cristo, é esboçada uma breve biografia de Lao-Tzu. De acordo com os *Shih Chi*, ele tinha o cargo de arquivista, era o filósofo mais graduado e escriba de um dos imperadores da dinastia Chou, tendo sido o primeiro a dar aulas sobre Confúcio. No entanto, Lao-Tzu ficou desiludido com a política da corte, pediu demissão de sua posição e tornou-se professor itinerante. Teria, assim, chegado ao desfiladeiro de Hsien-Ku. Na entrada do desfiladeiro, foi abordado pelo Guardião do Desfiladeiro, que, acreditando que o velho mestre estivesse de partida para o outro mundo, pediu que Lao-Tzu registrasse seus pensamentos para a posteridade. Lao-Tzu sentou-se e compôs o *Tao Te Ching* antes de desaparecer na montanha, para nunca mais ser visto, embora alguns taoistas acreditem que ele tenha se estabelecido na Índia, onde tornou-se o principal professor de Buda e viveu até a idade avançada de 160 anos.

Embora, a princípio, ensinar compaixão, empatia e paciência seja algo bastante recomendável, o conceito de *wu-wei*, ou não ação levou a questões relativas à responsabilidade coletiva e individual. Simplesmente deixar que a natureza assuma o seu curso pode ser visto como uma desculpa para que a pessoa enterre a cabeça na areia e espere que tudo simplesmente se resolva. A ideia de Lao-Tzu de um líder efetivo ser um líder que mal é percebido por suas ações ou palavras, como delineado na citação acima, foi adotada através dos séculos por vários movimentos antiautoritários, particularmente defensores do movimento da Nova Era, de estilos de vida alternativos e comunidades anarquistas.

Talvez Lao-Tzu esteja sugerindo, astutamente, que não há a necessidade de líder algum, na medida em que isso vai contra o estado natural e a ordem das coisas (o Tao). Talvez, se os relatos antigos a respeito de sua vida forem tomados como fatos históricos, a opinião de Lao-Tzu sobre governantes e seus súditos tenha sido influenciada por suas experiências no mundo violento e volátil da antiga corte imperial chinesa.

NIETZSCHE

"Em indivíduos, a insanidade
é rara; mas em grupos, partidos,
nações e épocas, ela é a regra."

Friedrich Nietzsche (1844–1900)

FRIEDRICH NIETZSCHE, O RENOMADO FILÓSOFO ALEMÃO, foi um mestre em disseminar aforismos e epigramas, proclamações e afirmações que soavam bem e que ele, raramente, corroborava com um argumento, ou justificativa, sistemático (nem se sentia obrigado a fazê-lo). Admiradores de Nietzsche chamam a atenção para o estilo conscientemente literário de sua escrita, alegando que isso proporcionava a ele a liberdade de explorar uma ampla gama de assuntos. Além disso, alegou-se que Nietzsche escolhia, deliberadamente, um estilo aforístico como meio de evitar a metafísica, que, como um vício, havia tomado conta da filosofia europeia no fim do século XIX.

A citação acima é um exemplo clássico de aforismo nietzschiano – breve, definitivo e deliberadamente contraditório. Foi tirado da obra de Nietzsche *Além do Bem e do Mal*, um ataque veemente e multifacetado às tradições da filosofia ocidental e, particularmente, à verdade moral da oposição entre homens bons e homens maus. Nietzsche recheou sua obra com aproximadamente 120 desses aforismos e trechos curtos, de versos. Analisada superficialmente, a declaração parece derrotar a si mesma, pois os "partidos, nações e épocas" não são constituídos por indivíduos? Ou será que Nietzsche está se voltando contra conceitos de consciência coletiva, que ele vê como uma forma de insanidade? Em outras partes de *Além do Bem e do Mal*, ele é particularmente mordaz em relação ao que descreve como "política mesquinha".

Outra interpretação seria a de que Nietzsche está prenunciando as teorias de psiquiatras radicais, como R. D. Laing, e a afirmação de que a insanidade, como tal, não passa da reação de um indivíduo são a um mundo insano. Na realidade, o próprio Nietzsche não era um estranho à insanidade, sofrendo crises regulares de depressão durante sua vida adulta, culminando em uma rápida deterioração mental em seus últimos anos.

A descida de Nietzsche à insanidade é muitas vezes atribuída a ele ter contraído sífilis ao frequentar bordéis quando era estudante em Colônia, embora nada em seus escritos biográficos confirme essa hipótese. Nietzsche também foi diagnosticado como tendo transtorno bipolar e a síndrome CADASIL (um tipo de doença cerebrovascular hereditária).

ROUSSEAU

*"Tudo o que vem das mãos do Criador
do mundo é bom, mas degenera assim
que chega às mãos do homem."*

Jean-Jacques Rousseau (1712–1778)

JEAN-JACQUES ROUSSEAU, FILHO DE UM RELOJOEIRO de
Genebra, nasceu no que é hoje a Suíça em 1712. Naqueles
tempos, Genebra era uma cidade-estado e flertava, teorica-
mente, com uma forma primitiva de democracia. Na teoria,
a cidade era administrada por um conselho eleito de repre-
sentantes, mas, na medida em que apenas as classes média e
alta tinham direito ao voto, na prática isso não passava
muito de uma oligarquia. Genebra também era presidida
por um grupo de pastores protestantes poderosos (calvinistas). A mãe de Rousseau morreu um pouco depois de ele ter
nascido e seu pai abandonou-o quando tinha 10 anos, fazendo com que Rousseau tivesse uma juventude de certa

maneira perdida, perambulando por Saboia e regiões da Itália, antes de finalmente estabelecer-se em Paris.

Em Paris, Rousseau, músico talentoso, desenvolveu um novo sistema de notação musical que apresentou à Académie des Sciences, acreditando que seria sua passagem para a fama e a fortuna. Embora a Académie tenha ficado impressionada com a inventividade de Rousseau, considerou que seu sistema era radical demais e o rejeitou. Em Paris, Rousseau conheceu e fez amizade com o notável filósofo Denis Diderot, que, juntamente com Jean le Rond d'Alembert, estava dando início a seu famoso projeto *Encyclopédie* (na essência, uma antologia de escritos a respeito de arte e ciência, que acredita-se tenha promovido o pensamento radical subjacente à Revolução Francesa). Diderot encorajou Rousseau a apresentar artigos e ensaios para a *Encyclopédie*, inicialmente a respeito de teoria musical, mas posteriormente – quando Rousseau ganhou confiança após seus esforços iniciais terem sido favoravelmente recebidos – abarcando assuntos mais complexos.

Em 1750, Rousseau entrou em uma prestigiosa competição literária sobre a questão do valor moral dos desenvolvimentos na arte e na ciência. Encorajado por sua recente exposição às maneiras novas e "esclarecidas" de pensamento, Rousseau adotou a posição polêmica de argumentar que o homem era, em um estado de natureza, essencialmente bom e virtuoso, mas que as sociedades humanas corrompem a moralidade pura e, na medida em que as artes e as ciências são produtos da sociedade, elas não são moralmente benéficas para a humanidade. O ensaio, popularmente conhecido hoje como "Discurso sobre as Ciências e as Artes", obteve o primeiro prêmio e catapultou Rousseau para a notoriedade. Considerado um de seus trabalhos mais importantes, o ensaio proporcionou a fundação, para a filosofia de Rousseau, do homem no "estado de natureza" *versus* o homem na sociedade, cuja moralidade inata e seu sentido de empatia e piedade são manchados pela inveja, ganância e inibição.

A citação "Tudo o que vem das mãos do Criador do mundo é bom, mas degenera assim que chega às mãos do homem" é a famosa linha de abertura de *Emílio, ou Da Educação* (1762) – o controverso tratado de Rousseau sobre a educação e criação de crianças. Rousseau tinha uma relação de certa maneira ambígua com a religião, muitas vezes professando publicamente ser um crente enquanto, simultaneamente, rejeitava a noção do pecado original. Os pontos de vista variáveis de Rousseau sobre a religião são evidenciados pelo fato de ele ter nascido protestante estrito, convertendo-se mais tarde ao catolicismo, apenas para, então, converter-se ao calvinismo novamente. A asserção, na linha de abertura, de que Deus faz todas as coisas boas e é o homem que corrompe a bondade é menos uma afirmação dos pensamentos de Rousseau sobre a religião e mais uma maneira de enquadrar suas ideias a respeito das influências perniciosas da sociedade, e como o estado natural do homem poderia sobreviver melhor. Em *Emílio*, Rousseau segue o garoto epônimo (hipotético) através dos vários estágios de seu desenvolvimento, da infância até a juventude, e defende uma versão primitiva da abordagem holística da educação. Para Rousseau, as crianças são mais bem servidas se educadas pelo desenvolvimento de seus sentidos e da compreensão de seus instintos naturais. O aprendizado deve vir de experiências e por meio da descoberta de causa e consequência, não mediante instrução prescritiva e punição.

O modelo de Rousseau para educação, embora com suas falhas óbvias (algumas passagens sobre a educação de meninas são francamente misóginas), teve uma influência considerável sobre a teoria educacional, influência que prevalece hoje em dia em ideias a respeito da prática holística na educação e do ensino e aprendizado centrados na criança. O livro foi banido tanto pelos católicos em Paris, quanto pelos calvinistas em Genebra, quando foi publicado em 1762, devido a sua promoção da tolerância religiosa, um conceito – por mais bizarro que isso possa parecer – considerado como próximo da heresia por ambas as Igrejas. Foi irônico, levando-se em consideração que Rousseau passou sua vida pulando de um lado para o outro da cerca, que tanto os calvinistas quanto os católicos tenham rejeitado suas ideias.

SONTAG

"A probabilidade de que seus atos de resistência não consigam impedir a injustiça não o exime de agir em prol do que você, sincera e reflexivamente, considera como sendo os melhores interesses de sua comunidade."

Susan Sontag (1933–2004)

SUSAN SONTAG FOI UMA ESCRITORA, cineasta, célebre acadêmica, crítica e ativista política norte-americana. Embora Sontag considerasse a si mesma como, fundamentalmente, uma escritora de ficção, sua produção de prosa foi em grande parte limitada a romances e contos esporádicos e deliberadamente experimentais. Em vez disso, Sontag tornou--se, possivelmente, a primeira celebridade da crítica cultural e intelectual a ser reconhecida internacionalmente (certamente, juntamente com Germaine Greer, uma das primeiras mulheres a ter essa distinção). Seus trabalhos mais conhecidos incluem *Sobre Fotografia*, *Contra a Interpretação*, seu conto muito premiado a respeito da epidemia da Aids, *Assim Vivemos Agora*, e seu famoso tratado sobre a linguagem da doença, *A Doença como Metáfora*.

Sontag chegou ao conhecimento e notoriedade públicos pela primeira vez por meio de seu uso da forma do ensaio, e, nesse sentido, ela pode ser vista, em termos filosóficos, como seguindo uma tradição de predecessores como Francis Bacon, Montaigne e William Hazlitt. A forma do ensaio, popularizada pelo influente escritor francês Michel de Montaigne, proporciona aos escritores e filósofos a liberdade de explorar questões e ideias, criando argumentos polêmicos e evitando métodos mais formais de investigação. Sontag voltou sua atenção, inicialmente, para o que constitui arte "alta" e "baixa" e, por extensão, alta e baixa cultura, em seu famoso ensaio de 1964, "Notes on Camp". No ensaio, Sontag argumentou que a diversão deliberada do teatro burlesco, por exemplo, longe de ser uma forma de arte inferior ou descartável, era igualmente tão válida como tema para análise intelectual quanto suas contrapartidas de alta cultura (como a ópera ou a tragédia grega clássica). Além disso, Sontag declarou que alguns elementos da baixa cultura têm um zelo revolucionário na maneira pela qual nos forçam a questionar a "seriedade" da arte e nossos julgamentos de valor, argumentando que: "Uma pessoa pode ser séria a respeito do frívolo, [e] frívola a respeito do sério". O ensaio foi uma sensação, de certa forma, nos círculos intelectuais, até porque traçou as linhas gerais do que se tornou, desde então, uma avaliação comum das formas culturais baixas, a saber, algo como "é tão ruim que é bom" (explicando, por exemplo, a popularidade duradoura dos filmes *The Rocky Horror Picture Show* ou *Carry On* e o culto a eles). Em 1977, Sontag publicou, provavelmente, seu trabalho mais famoso, a série de ensaios intitulada *Sobre Fotografia*. Nos ensaios, Sontag explora a percepção e experiência humanas em relação à fotografia, e apresenta diversos argumentos provocativos. Ela argumenta que restaram poucas coisas para fotografar no mundo, e que, embora isso tenha proporcionado aos indivíduos um acesso muito mais amplo ao conhecimento e compreensão do mundo, a ética do que devemos e não devemos ver (ou nosso direito de ver determinadas coisas) foi alterada. Uma consequência dessa "superabundância" de material visual é que a percepção humana e a experiência da realidade foram alteradas e limitadas. Sontag ilustra seu argumento citando que um dos perigos de uma sociedade visualmente saturada é o de que as crianças vivenciam as coisas por meio das fotografias antes de realmente tê-las encontrado na realidade, e, consequentemente, a memória torna-se uma memória de imagens visuais, não uma memória das sensações autênticas da experiência. Se Sontag estava preocupada a respeito da proliferação do visual sobre o real nas sociedades modernas, em meados dos anos de 1970, dá para imaginar qual seria a atitude dela em relação à Internet e inovações como o Google Earth hoje em dia.

Susan Sontag foi politicamente ativa e franca em suas posições a respeito dos horrores da guerra e do conflito humano, viajando para várias zonas de guerra durante sua vida, como Saigon durante a Guerra do Vietnã e Sarajevo durante a Guerra Civil Iugoslava. A citação a respeito dos atos de resistência de uma pessoa serem incapazes de impedir a injustiça é tirada de um discurso que Sontag fez na cerimônia do Prêmio Oscar Romero, um ano antes de sua morte em 2004. O discurso, com o subtítulo "Sobre a Coragem e a Resistência", foi reimpresso em uma antologia póstuma de seus escritos políticos. Nele, Sontag examinou a importância dos atos de resistência individuais diante do que, com toda probabilidade, pode parecer uma causa perdida, e como isso se relaciona às noções de coragem e moral. Tomando como ponto de partida as objeções de consciência de mais de mil soldados israelenses, que se recusaram a servir ativamente ao exército nos territórios ocupados, Sontag argumenta que, embora isso talvez tenha parecido, de uma perspectiva cínica ou realista, um gesto fútil, a história registrará um momento em que uma linha foi traçada na areia, e é precisamente a partir dessas pequenas sementes de dissenção que a resistência coletiva cresce e a mudança política e social genuína ocorre.

Uma figura controversa durante toda sua carreira, Susan Sontag dividiu opiniões tanto entre os intelectuais quanto entre o público em geral. Acadêmicos suspeitavam de sua aparente falta de rigor formal em seus ensaios e comentários (ela muitas vezes recusava-se a fornecer referências, notas de rodapé ou bibliografias em seus trabalhos), assim como de sua tendência de fazer declarações absolutamente provocativas e sem fundamento, e seu estilo aforístico e satiricamente pesado. Resumindo, ela foi acusada de ter aparência totalmente superficial e pouca substância, de verdade. No entanto, muitos jornalistas e comentaristas da mídia admiravam sua abordagem intransigente, até porque ela estava sempre disponível para uma citação ou pronunciamento memorável sobre qualquer assunto, da *fatwa* (sentença de morte) emitida contra o escritor britânico Salman Rushdie, aos ataques de 11 de Setembro nos Estados Unidos. A crença de Sontag de que sempre valia a pena dizer algo para gerar um debate é exemplificada em um de seus primeiros ensaios de 1967, publicado na *The Partisan Review*. No ensaio, Sontag lança um ataque devastador contra a civilização ocidental, com a citação infame: "Mozart, Pascal, álgebra booliana, Shakespeare, governo parlamentarista, igrejas barrocas, Newton, a emancipação das mulheres, Kant, balés de Balanchine *et al.* não redimem o que essa civilização em particular provocou no mundo. A raça branca é o câncer da história humana". O ensaio causou uma tempestade de controvérsias e mais tarde, perguntada por um jornalista se se arrependia do comentário, Sontag, com admirável implacabilidade, concordou que se arrependia, mas apenas porque o ensaio "injuriou os pacientes de câncer". Ame-a ou odeie-a, nos anos de 1960 e 1970 era impossível ignorar Susan Sontag, e ela continua um importante ícone do movimento feminista.

ESPERANDO SONTAG?

Durante o cerco a Sarajevo, na Guerra Civil Iugoslava, do início até a metade da década de 1990, Susan Sontag viajou para a cidade devastada pela guerra para produzir e dirigir a peça de Samuel Beckett, *Esperando Godot*. Sontag recebeu elogios consideráveis por seu gesto de desafio e coragem em levar adiante um projeto dessa natureza, e, após a sua morte em 2004, o prefeito de Sarajevo renomeou a praça na frente do Teatro Nacional como praça Susan Sontag.

No entanto, nem todos os que testemunharam o heroísmo relatado de Sontag em Sarajevo ficaram tão enamorados pelo projeto. Em um obituário de Sontag bastante rancoroso, no jornal inglês *The Telegraph*, o jornalista Kevin Myers relembrou o *Godot* de Sontag em termos menos elogiosos. Myers acusou-a de exibir uma falta grosseira de diplomacia ao dar os três papéis principais a um sérvio bósnio, um croata bósnio e um bósnio muçulmano, respectivamente, além de aparecer repetidamente atrasada para os ensaios e tratar seus anfitriões com condescendência e desdém. A produção em si ele desprezou como uma "tolice pretenciosa". Mesmo depois de sua morte, Susan Sontag continuou a dividir opiniões, um fato do qual ela, sem dúvida, teria orgulho.

CAMUS

"Relações humanas sempre nos ajudam a seguir em frente, pois sempre pressupõem desenvolvimentos mais adiante, um futuro – e também porque vivemos como se nossa única tarefa fosse, precisamente, relacionarmo-nos com outras pessoas."

Albert Camus (1913–1960)

ALBERT CAMUS FOI UM ESCRITOR E FILÓSOFO ganhador do Prêmio Nobel, nascido na Argélia francesa de mãe espanhola e pai ex-patriota francês. O pai de Camus foi morto na Primeira Guerra Mundial, logo depois de ele ter nascido, e Camus foi criado em uma pobreza considerável. Estudou na Universidade de Argel, embora parecesse, a essa altura, estar mais interessado em jogar futebol do que nos estudos (Camus era goleiro da equipe universitária). No entanto, após travar uma batalha contra a tuberculose, viu-se forçado a abandonar tanto o futebol quanto seus estudos, a fim de assumir empregos em grande parte mal pagos, para ajudar a sustentar sua mãe. Camus por fim retornou à universidade, em meio período, e completou o curso de filosofia clássica.

Politicamente ativo até o fim de seus anos de estudante, Camus entrou para o Partido Comunista Francês em 1935, depois de trocá-lo pelo Partido do Povo Argelino, por considerá-lo mais simpático à causa da independência argelina. Por meio de suas afiliações políticas, Camus descolou para si uma carreira como jornalista, escrevendo para várias publicações socialistas e anarquistas. Durante a Segunda Guerra Mundial, mudou-se para Bordeaux e juntou-se ao grupo de resistência Combat, uma rede clandestina radical que se opunha à ocupação nazista e que produzia um jornal subversivo do mesmo nome. Foi como editor do *Combat* que Camus encontrou, pela primeira vez, o filósofo Jean--Paul Sartre.

Durante os anos de guerra, Camus produziu seu trabalho mais conhecido, *O Estrangeiro*, e seu ensaio filosófico sobre a natureza do suicídio, *O Mito de Sísifo*. Ambos, em suas formas díspares (um romance e um tratado filosófico), exploram o conceito de Camus sobre o absurdismo. Para Camus, o absurdo estava na busca interminável e, em última análise, fútil de significado, em uma sociedade onde Deus está morto e há aparentemente uma ausência de verdades e valores concretos. Essa busca infrutífera por um significado é caracterizada pela metáfora de Sísifo, da mitologia grega, que foi condenado, por seus pecados, a passar toda a eternidade empurrando uma rocha montanha acima, apenas para vê-la rolar de volta novamente. Sob esse ponto de vista, seria fácil presumir que Camus tinha uma visão sombria e pessimista da vida humana. Certamente, a citação, tirada de seus *Ensaios Reunidos*, publicados após sua morte prematura em um acidente de carro, em 1960, parece sugerir uma atitude cínica e reducionista em relação às relações humanas. O próprio Camus foi casado várias vezes e foi serialmente infiel a todas as suas esposas, muitas vezes tendo casos absolutamente públicos. Via o casamento como uma construção sociorreligiosa antinatural, que restringia a liberdade e escolha pessoais.

Muitas vezes considerado um existencialista, Camus refutava que pertencesse a qualquer escola de pensamento em particular (incluindo o absurdismo). Os últimos dez anos de sua vida foram caracterizados por um retorno ao ativismo político de sua juventude e uma oposição fervorosa ao totalitarismo, em todas as formas. Camus havia se desiludido com o comunismo e as facções de esquerda em geral, um fato que gerou um esfriamento da sua amizade com Sartre, e assim ele voltou sua atenção, então, para a defesa apaixonada dos direitos humanos e das liberdades civis (ele era veementemente contrário à pena de morte). Trata-se de um estranho paradoxo que um homem cujas obras filosóficas e criativas manifestassem uma visão tão pessimista e melancólica da vida humana, assim como a ausência de significado e verdade, tenha se dedicado de maneira tão veemente à causa dos direitos civis, liberdade de associação, liberdade de expressão e autodeterminação. Em 1957, foi-lhe concedido o Prêmio Nobel de literatura, por sua "importante produção literária, a qual, com sua lúcida diligência, joga luz sobre os problemas da consciência humana em nossos tempos".

CONCLUSÃO

ALGUMAS COISAS SOBRE AS QUAIS PENSAR

ESTE LIVRO PREOCUPOU-SE em apresentar os pensamentos filosóficos e ideias de alguns dos maiores pensadores da história, e como eles confrontaram a compreensão e a análise de seus respectivos mundos. A Era da Razão, nos séculos XVII e XVIII, causou uma mudança em termos de ênfase, separando o raciocínio filosófico da teologia e concentrando-se na investigação do mundo observável, para determinar qual verdade existe aqui e agora.

Talvez tenha sido inevitável que, seguindo duas guerras mundiais catastróficas, a filosofia caísse em uma espécie de crise intelectual. No fim do século XX, a disciplina, tendo sido tão rigorosa em seus quadros analíticos no século anterior, começou a recuar em um processo inexorável de ofuscamento. Todo o significado havia desaparecido então; tudo o que restara eram discursos competindo uns com os outros, submersos em formas linguísticas e metalinguagens cada vez mais impenetráveis.

Então, qual é o futuro da filosofia? Quem serão os grandes pensadores da próxima época? Desde a chegada da Internet, as informações foram dispersas e trocadas com uma velocidade jamais vista. Embora isso tenha gerado implicações profundas para a livre troca de ideias, também apresentou suas armadilhas, na medida em que lutamos para vadear um mundo saturado de informações. Prevejo que os pensadores do futuro precisarão abordar as questões relativas a como os seres humanos relacionam-se com essa rapidez tecnológica e, por sua vez, como isso afeta a maneira que vivemos e interagimos uns com os outros.

Outra questão fundamental para os futuros filósofos é o meio ambiente e o impacto do aquecimento global, em particular. "Como viver?", a questão fundamental abordada por todos os grandes pensadores, muda novamente em sua ênfase, para perguntar "Como podemos viver?" neste mundo que se lança na direção de um ponto de insustentabilidade econômica e ecológica. Nesse sentido, a filosofia torna-se uma questão de não apenas compreender o conhecimento humano e a ética, mas algo muito mais fundamental: assegurar a sobrevivência da civilização e salvaguardar as gerações futuras.

SUGESTÕES PARA LEITURAS ADICIONAIS

HISTÓRIA DA FILOSOFIA OCIDENTAL, de Bertrand Russell, publicado pela primeira vez em 1945, continua sendo o padrão de comparação para os guias de filosofia. No entanto, o livro de Russell é um tomo e tanto (chegando a aproximadamente 800 páginas), e, embora escrito em um estilo claro e conciso, o tamanho e o escopo do projeto de Russell podem ser intimidantes. A *História da Filosofia Ocidental* também tem seus detratores e críticos, que apontam para a cobertura escassa dada à importância da tradição germânica no pensamento ocidental. Embora exista alguma verdade nessa avaliação – a última parte da *História* de Russell passa de maneira bastante superficial por Kant, Hegel e Nietzsche – é preciso que seja dito que o livro foi escrito durante a Segunda Guerra Mundial, e, como tal, não tinha como escapar da influência política de seu tempo.

Um ponto de partida mais acessível na filosofia é o livro *Pense: Uma Introdução à Filosofia*, de Simon Blackburn, ou, para aqueles que consideram que não há horas suficientes no dia, mas que não gostam de fazer feio em jantares, o *Philosophy: A Very Short Introduction* [Filosofia: Uma Brevíssima Introdução], de Edward Craig, é um bom começo. Para leitores mais jovens, é difícil fugir de *O Mundo de Sofia*, do escritor norueguês Jostein Gaardner. Publicado em 1991, essa introdução charmosa e inteligente à história da filosofia é engenhosamente tecida na forma de um romance de mistério adolescente. O livro vendeu mais de 30 milhões de exemplares mundo afora e, apesar de ser escrito ostensivamente para adolescentes, há nele uma profusão de reflexões e informações para satisfazer o adulto mais faminto por conhecimento, e que queira aprender mais sobre os grandes pensadores da história humana.

Para leitores que buscam perspectivas mais contemporâneas sobre as grandes questões, *O Gafanhoto: Jogos, Vida e Utopia*, de Bernard Suits, é um livro divertido e motivador, além de desmontar e remontar algumas das teorias mais insondáveis de Wittgenstein. Em um nível mais político, *A Vida que Podemos Salvar*, de Peter Singer, examina questões éticas fundamentais que se apresentam à população mundial, tanto no aspecto individual quanto coletivo. Incluí a seguir uma bibliografia selecionada do que considerei indispensável na compilação deste livro, e cada obra tem seus méritos. Um livro de filosofia lembra bastante a compra de um chapéu – ele não apenas precisa servir a uma finalidade, mas precisa parecer bom também; então, meu conselho é experimentar alguns títulos até encontrar o que melhor lhe servir.

BIBLIOGRAFIA SELECIONADA

Ayer, A. J, *The Central Questions of Philosophy* (Holt, Londres, 1974).

Blackburn, Simon, *Think: A Compelling Introduction To Philosophy* (Oxford University Press, Oxford, 1999).

Blackburn, Simon (org.), *Dicionário Oxford de Filosofia* (Editorial Jorge Zahar, Rio de Janeiro, 2012).

Cahn, Stephen M., *Exploring Philosophy: An Introductory Anthology* (Oxford University Press, Oxford, 2008).

Craig, Edward, *Philosophy: A Very Short Introduction* (Oxford University Press, Oxford, 2002).

Critchley, Simon, *The Book of Dead Philosophers* (Granta, Londres, 2009).

Gaardner, Jostein, *Sophie's World* (Perfect Learning, Londres, 2010).

Grayling, A. C., *The Meaning of Things* (Weidenfeld & Nicholson, Londres, 2001).

Kaufmann, Walter, *Existentialism from Dostoyevsky to Sartre* (New American Library, Nova York, 1975).

Kohl, Herbert, *The Age of Complexity* (Mentor Books Ltd, Nova York, 1965).

Levine, Lesley, *I Think, Therefore I Am* (Michael O'Mara Books Ltd, Londres, 2010).

Mautner, Thomas (org.), *Penguin Dictionary of Philosophy* (Penguin Books, Londres, 1997).

Monk, Ray e Raphael, Frederic, *The Great Philosophers* (Weidenfeld & Nicholson, Londres, 2000).

Nagel, Thomas, *What Does It All Mean?* (Oxford University Press, Oxford, 2004).

Pirie, Madsen, *101 Great Philosophers: Makers of Modern Thought* (Bloomsbury, Londres, 2009).

Russell, Bertrand, *History of Western Philosophy* (George Allen & Unwin Ltd., Londres, 1961).

Singer, Peter, *The Life You Can Save* (Random House, Nova York e Londres, 2010).

Suits, Bernard, *The Grasshopper: Games, Life and Utopia* (Broadview Press, Londres, 2005).

Urmson, J. O. e Rée, Jonathan, *The Concise Encyclopaedia of Western Philosophy & Philosophers* (Routledge, Nova York e Londres, 1989).

Warburton, Nigel, *The Basics* (Routledge, Londres, 2012).

AGRADECIMENTOS

GOSTARIA DE FAZER MEUS AGRADECIMENTOS mais calorosos às pessoas a seguir, cuja contribuição, conselhos e apoio foram inestimáveis na compilação deste livro.

Tim McIlwaine, por seus conselhos excelentes e pesquisa e materiais adicionais, particularmente sobre alguns dos pensadores alemães compilados. R. Lucas e equipe da biblioteca da Universidade de Sussex, assim como o pessoal generoso da Biblioteca Hove, por me deixarem usar suas instalações e tirar uma soneca reparadora de vez em quando em minha escrivaninha. Mathew Clayton, por fazer o projeto decolar; Katie Duce, minha editora, por sua paciência e apoio; e toda a equipe de *design* e produção na Michael O'Mara Books. E, por fim, a Joanna e Polly, por seu amor e apoio e por aguentarem minhas frequentes crises e ataques de ansiedade; espero que no fim tudo tenha valido a pena.

PRÓXIMOS LANÇAMENTOS

Para receber informações sobre os lançamentos da
Editora Cultrix, basta cadastrar-se no site:
www.editoracultrix.com.br

Para enviar seus comentários sobre este livro,
visite o site www.editoracultrix.com.br ou mande
um e-mail para atendimento@editoracultrix.com.br